研究报告系全国教育科学规划办 2013 年国家社科基金教育学重点招标项目"人力资源强国的指标体系与实践路径研究"（AGA130002）的成果之一

参与人员还有张天雪教授、周国华副教授、李阳琇副教授、李云星博士及耿亚平硕士等

智库 中社 国家智库报告 2018(14) National Think Tank

学 术 评 价

中国大学科技创新力指数报告(2017)

楼世洲 吴海江 著

INDEX REPORT OF SCIENTIFIC AND TECHNOLOGICAL
INNOVATION CAPABILITY OF UNIVERSITIES IN CHINA(2017)

中国社会科学出版社

图书在版编目（CIP）数据

中国大学科技创新力指数报告.2017／楼世洲，吴海江著．
—北京：中国社会科学出版社，2018.6
（国家智库报告）
ISBN 978 - 7 - 5203 - 2752 - 7

Ⅰ.①中… Ⅱ.①楼…②吴… Ⅲ.①高等学校—科学研究
工作—研究报告—中国—2017 Ⅳ.①G644

中国版本图书馆 CIP 数据核字（2018）第 146439 号

出 版 人 赵剑英
项目统筹 王 茵
责任编辑 喻 苗
特约编辑 李溪鹏
责任校对 李 莉
责任印制 李寡寡

出　　版 中国社会科学出版社
社　　址 北京鼓楼西大街甲 158 号
邮　　编 100720
网　　址 http://www.csspw.cn
发 行 部 010 - 84083685
门 市 部 010 - 84029450
经　　销 新华书店及其他书店

印刷装订 北京君升印刷有限公司
版　　次 2018 年 6 月第 1 版
印　　次 2018 年 6 月第 1 次印刷

开　　本 787×1092 1/16
印　　张 9.5
字　　数 101 千字
定　　价 45.00 元

摘要：本报告以国内外大学科技创新力相关指标体系为参考，综合选取 30 个评价指标，建立了以科技创新支撑力、科技创新投入力、科技创新产出力以及科技创新贡献力四个维度的大学科技创新力指标体系。我们选取"双一流大学"建设中水平最具有代表性的 64 所教育部属大学为样本，根据 2014—2016 年的相关统计数据，进行指数的统计回归分析。研究表明，目前中国大学的科技创新水平跟发达国家相比仍显弱势，呈现了大学间科技创新资源分布不均，大学科技创新成果转化不足等问题。在"双一流"大学建设的推动下，中国高校应重点提升科技创新能力，提高科技创新的投入产出率，以市场需求为导向促进科技成果转化，推动和引领中国传统产业的转型和高新技术产业的快速发展，为建立高等教育强国和建设科技强国的发展目标而努力奋斗。

关键词：科技创新力；高等学校；指标体系；指数

Abstract: The report is based on the relevant index systems of scientific and technological innovation capability of universities at home and abroad, thirty evaluation indicators are selected comprehensively and then the report establishes an index system of universities science and technology competitiveness with four dimensions, it includes scientific and technological innovation supporting power, scientific and technological innovation investment capacity, scientific and technological innovation output, contribution of scientific and technological innovation. Sixty-four universities which are governed by the ministry of education directly are selected, at the same time, these sixty-four universities are the most representative samples in the "double world-class" construction in terms of a university developmental level. According to the relevant statistical date from 2014 to 2016, the exponential regression analysis shows that the level of scientific and technological innovation in Chinese universities is still weak compared with developed countries, it also indicates that science and technology innovation resources are not evenly distributed among universities, the transformation of scientific and technological innovation results into productive forces is insufficient and so on at present. Under the context of "double world-class" construction, Chinese universities should focus on upgrading scientific and technological innovation competitiveness, increasing the input-output ration of science and technology innovation, promoting the transformation of scientific and technological innovation achievements based on market demand in order to drive and lead the traditional industries upgrading, the rapid development of the new and high technology industries. By doing so, we can build a powerful nation of higher education and speed up to world power of science and technology in the new era.

Key Words: scientific and technological innovation capability, universities, index system, exponential

目　　录

一 国内外高校科技创新能力评价及比较

（一）中国高校科技创新能力发展现状

不同的经济发展时期，不同的生产要素和目标决定了国家竞争力的不同发展导向。在科技经济一体化时代，掌握核心科技者在国际舞台中才能占有一席之地，走自主创新道路方可保证国家安全和人民安康，因此，面对经济发展新形态，中国必然要在科技创新力的发展与完善方面下大工夫，花大气力，才能保证我国社会福祉的增加和国际影响力的提高，从而促进人类的发展。

20 世纪以来，中国一直坚持着"科教兴国、人才强国"战略的发展道路，"开发高层次科研创新型人才以及为其创造发展和成长的文化环境和制度环境"成为了人才工作的重中之重。同时，面对国际上日益

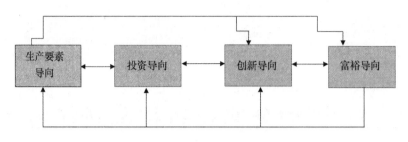

图1.1 国家竞争力发展导向

资料来源：周静：《高校科技创新体系的理论与实证研究》，高等教育出版社 2012年版，第50页。

激烈的科技竞争，作为从事知识生产和传播以及人才培养基地的大学在国家科技创新体系中的地位和作用日益凸显。目前，大学科技创新力相关研究方兴未艾，正呈现着蓬勃发展之势。

1. 大学科技创新力的内涵式发展

大学科技创新力是建立在熊彼特"创新论"之上的，创新可以包括多种形式，既可以是从无到有的发明创造、又可以是对行为步骤生产元素的重新组合、更可以是一种 1 + 1 > 2 的协同合作，因此可以分为原始创新、二次创新、集成创新等。目前，大学科技创新力研究领域的诸多学者都曾探讨过大学科技创新力的内涵，但是还没有形成统一定论。

综观各位学者对大学科技创新力的看法，大部分学者都将其与知识经济时代的大学竞争力联系起来，认为其是能够使学校获得持续竞争优势的核心能力。

是最高层次的大学核心竞争力，实际上已经非常接近大学的核心竞争力。

现有文献对大学科技创新的内涵解析主要可以分为以下两种：一是过程说，如有的学者将科技创新力看作一个动态过程认为："对高校而言，科技创新主要指知识创新、技能创新和创新人才的培养，不断促进新知识的产生和技术的优化，并把这些知识转化为成果服务社会发展的过程。"① 二是层次说，即有的学者认为是"高校以科技发展趋势为指导，基于社会服务的功能要求和自身发展倾向，综合调动掌握的各种科技资源和环境支持，有效利用和优化配置各种科技创新资源，开创性进行研究开发，创造新知识和技术，并把研究开发成果成功实现转化及产业化，以推动区域科技、经济和社会发展的能力。简而言之，就是指高校利用调动各种资源，进行科技创新活动并将产出成果加以转化服务社会的能力，反映了高校的科技总量、实力以及科技水平及潜力"。②

2. 国内大学科技创新力指标体系的比较分析

大学的办学水平如今也不再只是考生和家长的关注

---

① 张厚吉、帅相智：《高等学校科技创新的实践与发展取向》，科学出版社 2009 年版，第 55 页。

② 周静：《高校科技创新体系的理论与实证研究》，高等教育出版社 2012 年版，第 92 页。

对象，随着大学的社会服务功能和在国家创新体系中的地位日益显著，大学评价体系也受到越来越多的重视，国内高校和科研院所先后推出了不同版本的大学排行榜，如上海交通大学刘念才教授主持的《世界大学学术排行》（ARWU），主要对世界各地的大学的学术表现进行评价和排行；广东管理科学研究院武书连主持的《中国大学评价》，主要对国内综合性大学根据综合表现进行评价；武汉大学中国科学评价研究中心的《世界大学科研竞争力评价》，针对世界研究型大学的科研能力和表现分别进行综合评价和分学科排名；之后又以此为基础基于不同的视角研发了一系列大学竞争力评价。其中 2016 年与中国科教评价网发布的《中国高校科技创新竞争力排行榜》引起了广泛的关注。后来又有学者在邱均平教授系列高校评价报告的基础上，改进了高校科研创新力评价指标体系，以平台、人才、成果三个方面为科技创新力的准则层，再按照结构模式层层分解为 17 个指标，对中国所有的本科院校（共 735 所）进行综合评价，发现中国高校科研创新力整体发展水平不高，学科之间发展不均衡，能力水平受地域发达程度影响较大，"长尾效应"等问题成为困扰中国科研创新力可持续发展的主要阻力①。

----

① 马瑞敏、韩小林：《中国高校科研创新力分类分层研究》，《重庆大学学报》2012 年第 2 期。

浙江大学徐小洲教授负责的《国际大学创新力评价》的相关研究，主要对从世界各地选取的知名大学的创新能力进行客观评价和排名。以大学创新力为评价目标，以国际和跨学科合作为运行机制，以"SOCIAL"[①]为原则精心设计指标体系对大学创新力进行评价。同时研发者强调，此次评价结果仅仅反映各所大学在这些客观指标上的水平差异，并不表明各所大学的整体实力或者在其他方面能力的强弱。

（1）概念模式

①能力分类模式，即立足于大学科技创新力的结构分解和关键因素。如基于大学功能，以创新型人才培养能力、科技创新知识研究能力、创新技术成果与转化能力几个方面来阐释大学科技创新力。例如：孙燕等从知识创新和技术创新角度构建了高校科技创新能力评价指标体系；有的基于对能力的理解，认为高校科技创新能力作为能力的一种，指高校在科技创新方面完成一项活动的本领或本事，包括可能发挥但未发挥的能力即潜在能力和已经发挥出的具有一定表现形式的能力即实力水平。典型的就是徐小洲等人的《2007年国际大学创新力客观评价报告》分为创新实

---

① SOCIAL 即科学性"Scientificity"、客观性"Objectivity"、可比性"Comparability"、创新性"Innovation"、可获取性"Availability"、合理性"Logicality"。

力、创新活力和创新影响力三个模块。

②创新过程模式，从高校科技创新过程中每个环节来理解，一般情况就是从高校科技创新的基础条件、资源投入、成果产出及转化以及制度文化支撑等维度来分析问题。目前为止这是采用的最多的一种模式，如王章豹等[①]在将理工农医类院校与人文社科类院校分类处理后采用此种模式。

③系统整合模式，大学的各种功能及价值都是建立在大学的各种活动之上的。大学基于其办学宗旨，形成了一个以师生为主体，各种物质资源和知识理论为客体，大学制度文化环境为支撑的动态系统。因此，基于上述理论，对大学科技创新力的探讨，应当充分考虑大学科技创新系统中各种因素的发展水平和价值，以及其协同配合形成的创新驱动综合力。

（2）研究方法

目前中国对大学科技创新指标的评价大多采用量化的统计方法，主要有聚类分析法、模糊综合评价法、数据包络法、灰色关联法等。这些方法各有千秋，但是都存在一些不足之处。因此，还有一些学者更倾向于改进过的以及复合的数据分析方法。例如，用层次分析法和模糊方法分析高校研究生的科技创新能力；

---

① 王章豹、徐枞巍：《高校科技创新能力综合评价：原则、指标、模型与方法》，《中国科技论坛》2005 年第 2 期。

王金国等人以主成分分析法和熵值法分析大学的科技创新能力；① 吕蔚②等人应用核主成分分析法克服了主成分分析法在非线性数据关系上的弊端来研究高校科技创新能力。

（3）体系结构

单一维度与复合维度：与上述大多数专家学者认为大学科技创新力是一种多元素、多互动的系统能力不同，也有一些学者选取大学科技创新中的某一方面为代表对大学科技创新力的水平进行定义评估。一般情况下选取的评价元素多为科技创新的成果性指标如专利、知识产出和科技成果转化情况等。例如，许慧将知识管理的过程进行分解得出10个二级指标构建了高校科技创新评价指标体系。隋秀芝等将大学科技创新力的评价归化为科技论文的质与量，以此单项指标，运用文献计量法衡量了浙江理工大学的科技创新能力。③ 丁海德等"基于专利信息视角，分析地区高等院校在专利研发、专业合作，以及专业转化价值等方

① 王金国、石照耀、韩晓明：《基于主成分分析和熵值法的高校科技创新能力评价》，《河海大学学报》（哲学社会科学版）2015年第2期。

② 吕蔚、王新峰、孙智信：《基于核主成分分析的高校科技创新能力评价研究》，《国防科技大学学报》2008年第3期。

③ 隋秀芝、李炜：《高校科技创新力发展实证研究》，《科学管理研究》2013年第1期。

面的数理统计信息"。[①] 由于大多数学者认为以单维度指标评价科技创新力有失偏颇，因此，都更倾向于采用复合维度的指标建立综合评价体系。

虽然在指标结构的设计上，现有的大学科技创新力指标体系有着很多的重叠和相似之处。但是由于各个设计者的出发点和目标各有侧重，指标设计的概念模式和数据分析方法不同，即使是相同的指标，所占有的权重也有很大的不同。例如，王金国等[②]基于主成分分析法和熵值法将资源投入（0.37），研究成果（0.50）以及成果转化（0.13）三个方面作为一级指标；而刘勇[③]将科技创新基础能力（0.3），科技创新投入能力（0.2），科技创新产出能力（0.3）以及科技创新转化能力（0.2）为一级指标。通过分析两个指标体系的三级指标和构建的概念模式可以看出，前者的资源投入基本可以等同于后者的科技创新投入能力和科技创新基础能力两个方面的总和，然而在指标体系中却有着较大差异。

---

① 丁海德、綦晓卿、周晓梅：《青岛高校科技创新能力分析——基于专利信息视角》，《科技管理研究》2012 年第 21 期。

② 王金国、石照耀、韩晓明：《基于主成分分析和熵值法的高校科技创新能力评价》，《河海大学学报》（哲学社会科学版）2015 年第 2 期。

③ 刘勇、应洪斌、蒋芬君：《中国高校科技创新能力——基于华东地区高校的实证研究》，《研究与发展管理》2014 年第 5 期。

3. 大学科技创新力发展中的问题及改善机制

面对中国高层次拔尖人才的缺乏、科研成果国际竞争力不足、国家创新力后劲不足的问题，国内很多学者将症结归于创新力的重镇——大学，企图通过分析大学创新力发展的瓶颈和困难，寻求解决办法，从而为国家创新体系的建设注入一股活泉。综合国内的研究成果发现，针对大学创新力不足和改善机制的研究主要分为以下三个方面：

首先，创新力在大学功能上的体现。从大学功能出发来对科技创新力水平进行评价可以视为一种对任务完成程度的绩效考察，是社会科学领域常用的基本方法。在此维度，已有研究提出中国目前大学的高层次拔尖人才培养能力不足，各层次毕业生的创业创新能力差强人意，原创性科研成果较少，研发方向不能很好匹配市场需求，科研成果转化率低，社会服务能力差等多方面问题，并对症下药，从教育投入、制度环境、师资力量、教学方式等方面提升创新力。

其次，大学创新力的机制与环境。大学创新力的迸发与完善需要良好的创新文化生态环境的滋养，只有促进各项资源有序流动与配合，才能发挥大学创新力在社会发展中的驱动作用。大学创新力存在着两大影响因素，一方面是组织维度，一方面是制度环境。

因此，大学竞争力的提高，既要发挥院校调动优化组织资源的能力，又要从宏观层面上为其提供有利的制度环境。同样针对大学创新力的体制问题，也有学者从内部层面和外部层面，将大学创新力的培育机制分为大学内部创新的运行方式，和以大学为主导的外部协同的创新运行方式。其中，体制创新、文化创新、协同创新和学术自由是其四大核心要素，协同这四大要素的发展，是医治大学创新力不足的良药。[①] 目前，中国研究型大学办学理念、人才培养机制不利于创新力的提高、创新成果转化不足、组织机制不利于创新研究等问题，有学者提出改变办学理念、改善教学方式、提升师资力量、管理制度创新来达到研究型大学创新力的提升。[②]

最后，大学科技创新力的评价状况。中国的大学科技创新力评价一般分为两种，一种是以政府教育管理部门为评价主体，将大学的科技创新方面的论文著作、专利技术等成果性指标为重点，忽视科技创新过程和质量，将评价结果与经费投入、大学资质等相挂钩，具有很强的官本色彩，也容易诱导科技创新领域的功利性倾向。另一种以大学中的各类科研机构为主

[①] 刘创：《大学创新力的培育机制及其核心要素》，《湖南科技大学学报》（社科版）2015 年第 6 期。

[②] 宁滨：《关于提升高水平研究型大学创新力的思考》，《中国高等教育》2010 年第 17 期。

体，仍然停留在理论研究方面，社会功用也只是为学生报考、社会了解提供一种参照，社会服务性不足。综合来看，中国现有的科技创新力评价体系和倾向，从根本上对科技创新的有序发展形成了一种错误导向，甚至有一些用作职称和资质制度的评价标准成为科技创新正确发展道路的绊脚石。因此，要打破现有学生科技创新力评价指标体系的单一性和功利性，改善学生知行不一的情况，现有评价指标体系中需要加强学生创新人格、道德素质相关的导向性指标。

（二）国外大学科技创新力指标体系

1. 国外大学科技创新力评估现状

大学科技创新能力评价模式，不同国家其侧重点的不同，体现了每个国家在科技创新能力认识上的差异。目前在科技创新领域处于领先地位的欧美国家都建立了体系完善、形式创新的科技创新评价机制。这些西方发达国家中，美国属于大学主导式科技创新研究而其他国家大多属于国家主导式的科技创新研究模式，而科技创新评价研究模式的选择也正是与各国的科技创新体系特征的不断磨合中演化而来。正如美国的高等教育从未束缚于集权体制之中，因此谋求各个大学自身的发展优化这一内在因素成为大学参与国家创新体系中的主要动力。正是这种类型丰富、需求多样的教育体制决定了美国大学的科技创新力评估采用的是虚拟分权制网络结构评估模式。而法国作为一个政府部门主导管理"高等教育集权"国家,科研成果是大学教师晋升的重要考察标准,政府负责大学大部分的经费投入,因此以政府附属机构——国家教育评估委员会(CNE)为评价主体,采用一元制的评价模式。英国的大学一般可以分为书院制的名校模式、大学学院的伦敦模式以及地方大学模式三种,教育经费来源多样化,大学与企业政府建立了良好的合作关系,因此采用的是政府与社会、中央和地方评估机构"双轨并存"的科技评估体系,一般聘请学科专家作为评估者,实行严格完善的科技评价制度。一般采用的是"投入—产出"模型以科技创新的投入指标、科技创新产出指标以及科技创新过程指标三大模块进行评估。此外,英国的科技创新项目评估一般采用的是事后评价,即比较科研成果是否达到了预期的目标。

综观国外现有的关于大学科技创新力评价的研究成果,宏观上国外发达国家关于国家创新体系的研究较为领先,也是中国目前相关研究的主要参考标准。微观上对大学科技创新力的相关研究主要把大学的科技活动看作是知识经济下的一种经济活动,因此非常重视大学教育投资的产出效率。虽然各国的评价模式、评价主体呈现出非常丰富的多样性并且随着社会和经济发展不断优化具有阶段性，但是评价模块上主要可以分为以下五个方面：师资队伍与学位点（博士）设置、人才培养、基础设施情况、经费资助、论文著作与专利发明。

2. 国际大学科技创新力主要评价指标体系

2016年8月31日，路透社发布了"TOP75亚洲最具创新力大学榜单"，该榜单列出了在促进科学进步、发明新技术和帮助推动全球经济方面做得最突出的教育机构，引起教育、经济等多个领域的关注。该榜单的数据来源于汤森路透知识产权与科学公司（Thomson Reuters Intellectual Property & Science）以及它下属的几个研究平台：引用（Incites）、科学网（Web of Science）、德温特创新指数（Derwent World Patents Index）、德温特世界专利指标体系（Derwent Innovations Index）和专利引文指标体系（Patents Citation Index）。评价维度主要集中于各个研究机构论文发表和专利发明两个方面，其中专利发明属于主要部分。具体指标包括：专利申请许可率、专利协同研发程度、专利被引频次以及专利现有和潜在价值，论文被引频次，以及论文协同研究程度等。[①]

---

① 指标数据来源于：www. reuters. com/innovation。

　　路透社发布的"TOP75 亚洲最具创新力大学榜单"指标评价体系虽然简洁，但是不能揭示创新"全貌"，创新能力作为一种核心竞争力符合冰山模型的基本特征，具有已有外显存量和隐藏潜力的结合的特性，同时高校科技创新活动是知识创新、技术创新及创新人才三种活动相互配合协同发展的统一体，因此，综合性的评价指标体系显然能更加全面科学地反映大学科技创新力的全貌和真实水准。目前国际上获得广泛认可与关注的创新评价指标体系主要有以下几种：美国的 *The Global Index* GII、OECD 研发采用的"Science, Technology and Industry Scoreboard"、欧盟研发采用的"Innovation Union Scoreboard"、IMD 研发的创新力评价等。综观几项重要的指标体系，创新测度指标常用的是创新投入、创新产出、创新背景指标，评价方法有 BP 神经网络法（Back Propagation）、DEA（Data Envelopment Analysis, DEA）方法、聚类分析方法、灰色关联法（Gray cor-relational analysis）等客观赋权方法，亦有层次分析法（Analytic Hierarchy Process, AHP）、文献法、德尔菲专家法等主观赋权方法。这些指标体系由于吸收了较为先进的评价方法，采用权威全面的数据来源，成为了创新力评价相关研究的标杆，但是由于采用的方法多是评价指标的权重依据样本数据而定，从而导致指标权重将随新数据而改变，导致指标权重不够稳定，在一定程度上削弱评价方法的可持续性、适应性。[①]

表 1.1　　　　　　　国际主要国家创新力评价指标体系对比

指标体系名称	研发机构	一级指标	二级指标
欧洲创新联盟记分牌（IUS）[②]	欧盟委员会 The European Commission	创新驱动力	人力资源
			研究系统的开放卓越性
			财政和其他支持
		企业活动（创新结果）	企业投资
			产学研结合
			知识资产
		产出（创新效率）	创新人才
			经济收益
世界竞争力评价指标（WCY）（部分选取）	瑞士洛桑国际管理发展学院（IMD）	基础设施	技术基础设施
			科学基础设施
			教育
		经济运行	就业
全球创新力指数 The Global Index GII[③]	美国康奈尔大学（CU）世界商学院 INSEAD，世界知识产权组织 WIPO	创新产出	创新机构
			人力资本与研究
			基础设施
			市场成熟度
			商业成熟度
		创新投入	知识和科技产出成果
			创造性的产出

---

① 周霞、李海基：《区域科技创新指数的构建》，《科技管理研究》2011 年第 18 期。

② Innovation Union Scoreboard 2015 ［M］. Belgium：European Union，2015.

③ The Global Innovation Index 2015 Effective Innovation Policies for Development ［M］. Geneva，Switzerland，by the World Intellectual Property Organization. 2016，2.

（三）当前大学科技创新力研究述评

国外的创新力评价指标体系数据来源广，评价方法较为先进合理，尤其是大多数经过不断地验证修改，已成为中国衡量自身创新力发展的大概情况，了解中国与世界一流的创新竞争力强国差距的重要途径。然而，一方面由于部分数据在中国存在统计不全、不易获得的情况，另一方面中国的社会发展道路及政策环境与世界上大多数国家具有较大差距，这些创新力评价体系并不适用于中国来审视自身创新力的具体发展情况。

通过对国内前人大学科技创新力的相关评价指标体系的比较分析，可以发现由于对大学创新力评价的切入点不同，选取的指标和数据范围不同，从而导致各个评价体系结果上的差异。同时各个研究体系上都有一些弊病，如多数研究未对大学科技创新力的内涵进行界定，只是参考现有指标提取指标，只是一种操作性定义，这种方式忽视了大学创新力中不能测量的维度，将大学科技创新力水平简单等同于实验室、科研平台和学生的数量的做法难免有失偏颇。另外，中国科学评价中心研发的中国高校科技创新竞争力评价体系中过于重视物化的评价指标，忽视了创新人才才是高校科技竞争力的主体。

综观中国关于大学科技创新力的诸多研究，发现了一些不足，同时针对今后的研究获得了若干启发。

第一，理论研究薄弱，大学科技创新力的概念尚未明确统一。关于创新力的内涵，很多学者都从不同的视角做出了一定的界定，但是创新力本身就是能力的一种且涉及范围广泛，目前为止除了熊彼特的理论得到较为广泛的认可外，尚未有统一定论。其次，中国科技创新体系发展尚不成熟，对大学科技创新成果的产业化，一些坚守大学学术功能的学者始终持反对意见。国内对大学科技创新力所属范围及科学内涵仍在摸索阶段，对国外科技协同创新的形成机制也在实验期。此外，各种理论的论述不够深入和充分，大多只停留在粗浅的理论层面，对深层次的概念模型和范式支撑没有认真地去研究；同时大多聚焦于宏观层面，微观层面的实证研究不够成熟且较为缺乏，多是对国家政策的积极响应，缺少深入针砭时弊的调查与建议，因此显得杂乱，缺乏整体感。

第二，研究手段、方法单一。如上所述，当前中国现有研究对高校科技创新的认识具有很强的学术化色彩，但是高校科技创新体系的构建是一个摸着石头过河的探索过程，只有在实践中检验才能加以完善，因此以理论政策为支撑的实证研究必不可少。目前的研究却大多采用思辨的方法，停留在宏观描述、经验分析和介绍评论层面，对建设经验的实证研究鲜有人涉足，因此必须丰富高校科技创新体系的研究手段和方法。

第三，大学科技创新力的评价范围不够完善全面。现有的大学创新力评价体系，由于建构出发点和研究视角不同，指标体系的设计常常会顾此失彼。科技成果的数量、经济收益这些易于量化且具有很强外显性的指标往往成为备受青睐的宠儿，而科技成果的质量、科技成果的社会服务性等指标常常被忽视。因此，本报告的大学科技创新力指标体系的研究应当做到兼容并包，多方面借鉴吸纳。

第四，不同学科采用同一指标丧失公平性。人文、社科与自然科学在很多方面都是具有差异的，如若盲目以总量计算，而忽略学科间的差异，必然导致拥有某些易发表成果学科的大学在数据总量上占据明显优势。如医学、工学等学科在 SCI 上发表文章的概率比较高，数学等学科发表文章的概率低。此外，评价体系的统一也将导致各级各类学校竞争标准趋同，对于其个性和特点的发展会产生或深或浅的影响，故而如何得出平衡各学科论文发表的难度标准，得出既反映质又反映量的科学评价结果是亟须思考的问题。

第五，忽视创新人才的主体地位。培养具有创新能力的高素质人才是大学最基本的任务。大学掌握着知识和技术两大珍贵资源，大学是实施人力投资的社会工具。大学的各种科技创新活动，只有以师生为主体，配以各种资源环境的支撑综合才能得以发挥。重视人才在国家创新体系中的主体地位，深入贯彻人才强国战略对保证中国社会经济发展、人民生活水平的提高具有战略性和紧迫性的意义。然而，目前的研究多以科技成果产出这些量化指标来衡量大学的科技创新水平，反映了在指标体系中测算维度的失衡。

作为中国大学的科技创新力评价指标，应当具有本土针对性的同时又要具有一定的国际接轨性，以便于做好国际比较，审视自己的不足。同时，在指标的选取和建构中，应当从实际出发，综合考虑评价对象的不同特点。因此，一个合理的大学评价指标体系，应当做好三个兼顾：一是要兼顾硬性指标和软性指标、主观指标和客观指标；二是基于大学的三个职能，大学科技创新力的评价指标应当包含教学指标、科研指标，以及人才指标；三是要兼顾各种类型、各个层次的大学，使得大学科技创新力指标具有更强的普适性。

二 构建高等教育科技创新力评价体系的意义

（一）从人口大国到人才强国

人才，是人力资源中高素质的劳动者，这种高素质不是简单的学历与职称的相加，而是渊博的知识与创造力有机结合，既体现于知识储备与专业技能中，也体现在观念思维和生活实践中。中国是拥有 13.68 亿的人口大国，人口问题一直以来在世界范围内引起了广泛关注。当前中国正经历由享受"人口红利"转向背负"人口负债"的过渡阶段，自 2010 年到未来 10 年间我国劳动年龄人口将减少 2900 多万人，"人口红利"的消失会造成劳动力的减少和资本投入增长率放慢，导致中国未来经济进入"减速期"。① 面对人口红利的逐渐消失，巨大的人口资源作为一种比较优势的同时也意味着沉重的人口

---

① 《经济大势人口红利拐点已现》，人民网，http：//theory. people. com. cn/n/2013/0128/c40531 - 20342794 - 2. html，2013 年 1 月 28 日。

压力。另一方面，《1990 年世界发展报告》中明确人力资源对经济增长的密切关系，发达国家中人力资源对经济增长的贡献作用为 49%，发展中国家为 31%。[1] 美国正因为拥有世界上最高素质的、充足的人力资源对经济发展产生的倍数效益，[2] 使其始终居世界经济首位。由于中国高素质人才所占比重相对较低，结构不够合理，人力资本对经济增长的贡献率远远落后于发达国家，面对世界科技革命的发展和经济全球化进程的加快以及中国改革的深化和进一步对外开放的双重潮流，中国人才资源开发工作与综合国力竞争和经济社会发展的要求不相适应的矛盾越来越突出。激烈的综合国力竞争和中国人才流动情况决定中国必须重视人才培养与发展工作。只有把握人才科学发展规律，创造具有高吸引力和凝聚力的政策制度环境，为人才创造性和贡献力的迸发提供充足的资源投入，才能在知识经济的竞争潮流中把握先机。

根据党的十七大"更好实施人才强国战略的总体要求"，中国制定了《人才规划纲要》提出到 2020 年，中国人才发展的总目标是："培养和造就规模宏大、结构优化、布局合理、素质优良的人才队伍，确定国家人才竞争比较优势，进入世界人才强国行列，

---

[1]　陈捷：《农村人力资源对海西经济发展》，硕士学位论文，厦门大学，2008 年。

[2]　李仲生：《人力资源开发与经济发展》，《人口与经济》2002 年第 10 期。

为本世纪中叶基本实现社会主义现代化奠定基础。"并制定了国家人才发展指标，如图 2.1 所示①：

图 2.1　国家人才发展指标

同时，IMD 发布的《世界竞争力报告》（*World Innovation Yearbook*，WIY）中显示，中国大陆的创新力排名虽然较前几年相比有所增长，但与欧美以及日韩等发达国家仍有较大差距，同时 R&D 投入产出水平也较为落后，从各个分指标看，创新驱动不足、企业创新行为缺乏、具有深刻国际影响力的创新成果也较少。②"通过对 SCI、EI、DII 三大权威数据库的检索，发现美国在进入世界一流研究方阵的科学家和研究机构指标体系中占绝对优势，尤其是在 TOP10 世界一流科学家和研究机构指标上占据半壁江山，与之相比，

① 《国家中长期人才发展规划纲要（2010—2020）》，人民出版社 2010 年版，第 6 页。

② *IMD. World Competitiveness Report* 2014，IMD World Competitiveness Center，2014，6.

中国目前在世界一流方阵的科学家和科技研发机构的数量在全世界的比重不足7%，中国高层次的科技创新人才和创新平台仍有很大的进步空间，创新强国任重道远。"① 具体数值如图2.2所示：

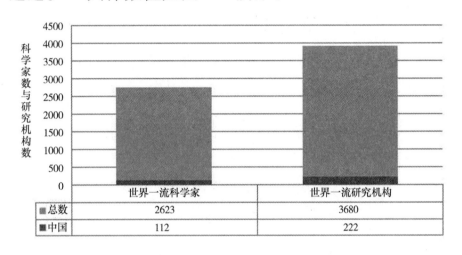

图2.2 中国世界一流科学家、研究机构数量统计

（二）科技创新力成为发展新引擎

《全球创新力指标2015》（*The Global Innovation Index* 2015，GII）中提到，中国在GII指标体系中最值得注意的成就是创新效率模块排名第二，而这完全得益于过去三十年的科技政策。② 据科技部编写的《中

---

① 许晔、程家瑜：《我国进入世界一流研究方阵科学家和研究机构调查》，《中国科技论坛》2008年第10期。

② The Global Innovation Index 2015——Effective Innovation Policies for Development［M］. Geneva，Switzerland，the World Intellectual Property Organization. 2015.

国科技人才发展报告（2014）》称，由于中国庞大的科技人才资源总量和大量的科技创新活动研究经费和其他资源条件的投入，中国超过美国居世界第一科技资源大国地位。同时中国政府在企业和各高校也增加了各种项目的经费投入，抛出政策利好，促进企业高校纷纷投身于科技成果转化活动中去，据科技部统计2015年中国有效专利547.8万件，其中境内有效发明专利87.2万件，每万人口发明专利拥有量6.3件。全年共签订技术合同30.7万项，技术合同成交金额9835亿元，比上年增长14.7%。①

由上可知，中国科技事业作为一支强劲的新生力量在国际上崭露头角，成为中国应对知识经济下日益激烈的国际竞争的新动力。在这个科技创新成果深入人们生活方方面面的智能时代，科技创新成为了一个国家在国际舞台上发言的底气。提高自主创新能力，掌握核心竞争力是一个国家自立自强的战略支点，突出发展科技创新力，将是中国目前以及将来很长一段时期发展战略的重点。然而，值得注意的是，在数字总量的繁荣背后是否存在着需要警醒的危机。纵然中国有着庞大的科技人才总量和经费投入，但是13亿人口的基数在某种程度

---

① 2015年国民经济和社会发展统计公报［EB/OL］，国家统计局［2016 - 2 - 29］. http：//www. stats. gov. cn/tjsj/zxfb/201602/t20160229_1323991. html。

上代表着一种硕大的负担。目前中国人力资本投资回报率与英美发达国家相比仍然较低，具有国际影响力的科学家和前沿领域的科技团队仍然稀缺，科技创新成果与市场需求不能完美匹配，存在巨大的资源浪费。

（三）大学成为科技创新的重要阵地

西方发达国家的发展经验表明，一个国家在不同的经济发展模式下，对不同知识素养的劳动者的需求也有所不同。在改革开放初期，中国凭借着人口红利，靠着低廉的劳动力和流水线加工形式成为了世界工厂，对中国初期的经济快速发展起到了促进作用。20世纪末联合国开发计划署提出了人力资源能力建设的基本定则：

$$人力资源能力 = \frac{(文盲人数 \times 1 + 第二产业人数 \times 2 + 科学家及工程师人数 \times 100)}{全社会总人口}$$

从各类人力资源所占的比重分配上看，在经济发展中，尤其是知识经济时代，以科学工作者及工程师为代表的高层次人才资源发挥着至关重要的作用。随着中国经济发展，2016年中国高中阶段毛入学率为87.5%，高等教育毛入学率超过中高收入国家平均水平，达到42.7%。科技发展成为促进中国社会进步的新支点，与一些国家的联盟式、依附式的发展道路不同，立足于中国的国家性质和特色国情，自主创新式发展道路是中国科技发展必然的路径选择。科技创新是大学的一个必不可少的功能，既要促进科技知识和技术产出的创新，又要重视大学生的创新思维、科学精神和实践创新力，大学通过科学研究影响经济与社会的发展。改革开放以来，高等学校在全方位开展基础研究上积极加强应用型研究以及科技创新成果的转化，大大提高了我们国家的自主创新能力，但中国现阶段提高人力资源能力建设主要集中于高层次拔尖人才与创新人才的数量与质量。

根据 2015 年国务院《统筹推进世界一流大学和一流学科建设总体方案》，2017 年教育部、财政部等制定并印发《统筹推进世界一流大学和一流学科建设实施办法（暂行）》，其中指出以一流为目标、以学科为基础、以绩效为杠杆、以改革为动力，推动一批高水平大学和学科进入世界一流行列或前列。而一流大学的普遍标准是一流的人才队伍、一流的文化与体制、一流的成果与声誉等，其中一流的成果包括推动科学技术发展的基础理论研究方面的一流成果、推动形成新的产业链、促进经济社会发展的核心技术和专利等一流成果以及各种哲学社会科学、艺术等一流成果。大学作为创新知识的垄断者以及培养高新知识的创新者与运用者的载体很大程度上决定了中国实现"两个一百年"奋斗目标以及伟大复兴的中国梦的进程。事实确实如此，中国大量的科研成果及发明大都来自于大学，以 2015 年为例，国家自然科学奖 42 项研究成果获奖名单中，其中大学研究成果获奖共有 31 项，所占比例为 73.8%，大学与科研机构合作研究成果获奖 5 项，所占比例为 11.9%。[①] 国家技术发明奖 50 项研究成果中，大学研究成果共有 10 项，占 20%，大学与企业联合研发成果共有 22 项，比例高达 44%，大学与科研机构研发成果共有 3 项，所占比例为 6%，产学研共同合作研发成果 1 项，所占比例为 2%。[②] 国家科技进步奖共 129 项，其中大学参与研究成果获奖 97 项。比例高达 75%。[③] 大学作为高素质人才的聚集地和科技创新后备人才的培养基地，承担促进经济发展和服务地方的重任，在国家创新体系中处于主体地位。《中共中央国务院关于进一步加强人才工作的决定》中明确提出："要充分发挥高校的人才培养重要基地作用。满足走新型工业化道路和优化产业结构的要求。只有充分发挥大学人才培养和科技创新的功能才能提高我国的人才比较优势，从而提高我国的国际竞争力。"

[①] 数据来源于国家自然科学基金委网站：http://www.nsfc.gov.cn/nsfc/cen/ndbg/2015ndbg/06/09.html。

[②] 数据来源于 2015 国家科学技术奖励大会 http://www.most.gov.cn/ztzl/gjkxjsjldh/jldh2015/jldh15jlgg/201601/t20160106_123344.htm。

[③] 数据来源于 2015 年度国家科学技术进步奖获奖项目目录：http://news.xinhuanet.com/tech/2016-01/08/c_128609367.htm。

三 大学科技创新力指标
体系的构建

（一）指标体系构建的理论机理

1. 人才强国理论

人才强国战略是以提高中国国民素质和建设"人才辈出、人尽其才"的人力资源开发机制为目标，以坚持科学发展观和科学人才观为战略方针，以建设高层次人才队伍为战略重点的重要强国路径，是关于人才资源发展的总体谋划和总体思路。[①] 人才强国战略理论是一个丰富且完整的内容体系，其形成与发展有着深厚的历史基础与思想渊源，是 21 世纪中国增强国际竞争力，提高人民生活水平的重要战略支点。人才强国战略的实施需要抓紧做好从人才培养到人才吸引、

---

① 李维平：《人才强国：理论探索与战略研究》，中国人事出版社 2011 年版，第 93 页。

从人才调配到人才激励的各个环节，不断优化中国的人才结构，增加高层次创新型人才在人力资源中的所占比重，不断创新改革人才机制，为创新人才的成长与发展打造良好的制度环境。"实现人才强国战略是构建社会主义和谐社会的重要内容，建设规模宏大、结构合理、高素质的人才队伍是人才强国战略的重要组成部分"，[①] 因此大学在人才强国战略的实施中为其提供充足的人才供给，其作用举足轻重。

2. 创新型国家理论

创新型国家理论是在国家创新体系（National Innovation system，NIS）理论的基础上应运而生的。从英国经济学家 Christophe Freeman 吸收各派学者的创新观点的基础上首次提出到这一概念被各个国家所重视发展为强国战略，国家创新体系理论在三十年的时光中不断得到丰富与优化。国家创新体系的着眼点是创新系统的组织化建设，其视角主要聚焦于创新的客体，而创新国家理论，把目光聚焦于创新的主体，即注重的是"自主创新"。周静在前人研究的基础上提出了创新型国家理论的体系结构，认为创新型国家的建设是应对飞速发展的科技对人的主观能动性提出了更高

---

① 李燕萍、吴绍棠：《人才强国战略与中国特色的人才资源开发》，科学出版社 2010 年版，第 21 页。

要求的基础上的，是国家进入创新导向发展阶段的必然选择。

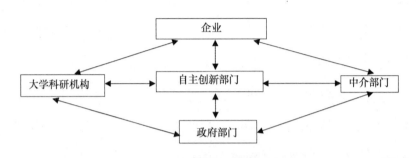

图 3.1　创新型国家理论的体系结构

与国外发达国家的创新型国家建设相比，中国的创新型国家建设不是拿来主义，也不是贴补主义，是以科技发展为支点，政府、高校、企业多主体共同配合，协同发力形成促进祖国繁荣强盛、人民幸福安康的驱动力。中国的自主创新道路是在摸索中不断完善的，是具有中国特色与社会主义灵魂的。只有社会各方齐心协力，朝着一个方向加油干，才可实现我国科学技术的跨越式发展，才可在国际舞台上打造中国新形象，提高中国声音分贝。

3. 教育竞争力理论

高等教育国际竞争力是在 20 世纪后期国家竞争力研究的大背景下被明确提出的，是学校有效性研究在高等教育和国际领域的延伸。教育竞争力同样也可以按照教育活动过程及资源要素分解为多层次的能力。如日常生活中人们普遍采用的授课质量、学生成绩以及升学率等，同时也包括资源投入产出效率、师资力量、社会声誉等方面。作为竞争力的一种，教育竞争力的取得与提升非一日之功，依赖于长期的积累与努力，因此可以作为一种基础指标来评价各级教育类型，对教育的发展具有很大的激励性与指导性。教育竞争力的主体包括多个层次，既包括以提升整体竞争力为目的的国家和区域，又包括以育人和为社会服务为目的的教育组织和机构，还包括以增强学习绩效、提高个体竞争力的学习者。目前大学科技创新力作为大学教育竞争力的核心组成部分，其重要性和地位得到了广泛认可，是大学应对国际竞争，担起为社会建设提供智力和技术支持责任的主要动力。

（二）指标体系的构建思路

2015 年国务院印发《统筹推进世界一流大学和一流学科建设总体方案》中指出要以支撑创新驱动发展战略、服务经济社会发展为导向，加快建成一批世界一流大学和一流学科，提高高等学校人才培养、科学研究、社会服务和文化传承创新水平，使其成为知识发现和科技创新的重要力量。当代大学的三大基本职能从根本上决定了高校科技创新能力的基本特性。首先，大学作为国家创新体系中的主要支撑，改造社会、服务社会应当是大学科技创新力发展的最终目标和归宿，因此大学科技创新力应当具有服务性。其次，大学的科技创新能力是一种已有存量和潜力的系统能力，一方面表现为成果产出、人才培养和产业化程度的质量和数量上，一方面体现在科技平台数、科技人才和资金投入这种支撑力上，这种能力会在一定条件下使其在自身的集成组合发展中形成持续不断自我发展完善机制。这需要各种制度环境因素协同发挥作用，不断地输送养料，从而为大学科技创新的持续发展提供保障。如图 3.2 所示，大学科技创新力是一种集成性的能力，在多个方面的科技创新过程中予以呈现，因此发展与提高大学科技创新能力应当关注大学科技创新的整个过程，不可有所偏废。

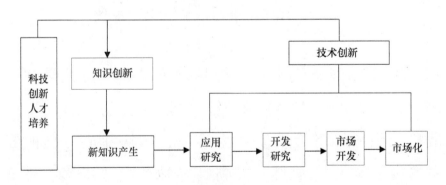

图 3.2　高校科技创新活动过程

　　"人才强国战略下大学科技创新力指标体系"的研究，将根据人才强国发展目标与战略部署，以科技部、教育部等五部委制定的《关于改进科学技术评价办法的决定》和《科学技术评价办法》等重要文件为指导性依据，致力于构建具有可比性的国际大学创新力指标，试图将大学评价与大学科技创新能力建设相结合，发挥评价性指标的先导性作用，为推动中国大学科技创新力的进一步发展，为具有创新精神与能力的高素质人才培养提供可参考性的建议。此研究中的指标体系以大学的人才培养、科研、社会服务三大职能为评价范畴，以突出创新型人才在创新竞争力中的主体地位，力图既反映大学发展的内在逻辑，又体现新时期大学变革的需要为目标，争取在大学科技创新力评价领域取得创新性的成果。

（三）大学科技创新力指标的选取

　　在科技创新活动中，各个层次的创新活动是一脉相承的，各种创新活动的协同配合是形成优良科技创新成果的重要前提。同时，这种协同配合不是在各种活动孤立发展之后对成果的简单相加，而是通过科技创造活动过程中的融合互动，从而实现大学科技创新力的可持续发展。对大学科技创新能力指标体系的设计初衷是期望能够全面衡量大学的科技创新力水平，能够为各个大学清晰地了解自身的发展情况，明白其优势与劣势从而找出改进发展途径。因此作为一种以改进和发展为目的的评价，多强调其形成性功能，突出其诊断和反馈作用，指导大学科技创新力的发展符合我国科技政策导向，符合大学自身发展趋势。

考虑到指标的可得性和客观性，本次测评初步选取了 4 个一级指标，13 个二级指标和 35 个三级指标组成，见表 3.1 所示。

表 3.1   大学科技创新力指标的选取来源和数据来源

三级指标	选取来源	数据来源
出国合作交流派遣人次 X1	多频次使用，例李荣富等《基于因子分析的地方高校科技创新能力的综合评价》	《高等学校科技统计资料汇编》
国际学术会议主办次数 X2	多频次使用，例李荣富等《基于因子分析的地方高校科技创新能力的综合评价》	《高等学校科技统计资料汇编》
博士点数量 X3	多频次使用，例中国科研评价研究中心《中国高校科技创新竞争力排行榜》	各高校官网、《中国研究生教育及学科专业评价报告》
国家级精品课程数 X4	自拟指标	中华人民共和国教育部官网
国家级重点学科（科技）数 X5	多频次使用，例中国科研评价研究中心《中国高校科技创新竞争力排行榜》	《中国研究生教育及学科专业评价报告》、中国学位与研究生教育信息网
国家级教学成果奖 X6	自拟指标	中华人民共和国教育部官网

三级指标	选取来源	数据来源
科研管理制度满意度 X 7	自拟指标	各高校科技工作人员调查问卷（暂缺）
科研辅助人员与科技人员总数的比例 X 8	多频次使用，例刘勇《高校科技创新能力评级模型研究》	《高等学校科技统计资料汇编》
高级职称科技人员数与科技人员总数的比例 X 9	多频次使用，例李荣富等《基于因子分析的地方高校科技创新能力的综合评价》	《高等学校科技统计资料汇编》
全校教学科技人员的全时当量 X 10	多频次使用，例敖慧《高校科技创新能力的多级模糊综合评价》	《高等学校科技统计资料汇编》
在校研究生数（硕博）X 11	刘勇《高校科技创新能力评级模型研究》	《高等学校科技统计资料汇编》
政府拨入科研经费总额 X 12	多频次使用，例蓝祥龙、谢南斌《基于 AHP/DEA 的高校科技创新能力评价指标体系研究》	《高等学校科技统计资料汇编》
企事业委托科技经费总额 X 13	多频次使用，例蓝祥龙，谢南斌《基于 AHP/DEA 的高校科技创新能力评价指标体系研究》	《高等学校科技统计资料汇编》
人均科研经费额 X 14	多频次使用，例韩晓明等《基于熵值法的高校科技创新能力评价》	《高等学校科技统计资料汇编》
国家级科技研究平台数量 X 15	多频次使用，例中国科研评价研究中心《中国高校科技创新竞争力排行榜》	中国学位与研究生教育信息网、各高校信息公开网
国际科技合作平台数量 X 16	改进指标，参考指标：国家级科研平台数、国际合作科研项目数	各高校信息公开网
省部级科技合作平台数量 X 17	多频次使用，例中国科研评价研究中心《中国高校科技创新竞争力排行榜》	各高校信息公开网、《中国研究生教育及学科专业评价报告》
人均发表论文数 X 18	多频次使用，例陈琪等《我国高校科技创新能力评价与差异分析》	《高等学校科技统计资料汇编》

续表

三级指标	选取来源	数据来源
ESI 高被引论文被引次数 X 19	徐小洲等，大学评价国际委员会，《2007 年国际大学创新力客观评价报告》	http://esi.webofknowledge.com/home.cgi http://gaokao.xdf.cn/201501/10196890.html
科技著作数 X 20	多频次使用，例许慧《知识管理视角下高校科技创新能力评价指标体系构建》	《高等学校科技统计资料汇编》
国家级科技成果奖励数 X 21	多频次使用，例林德珊等《DEMA-TEL 方法在高校科技创新能力影响因素分析中的应用》	《高等学校科技统计资料汇编》、中国学位与研究生教育信息网
省部级科技成果奖励数 X 22	多频次使用，例林德珊等《DEMA-TEL 方法在高校科技创新能力影响因素分析中的应用》	中国学位与研究生教育信息网、《高等学校科技统计资料汇编》
授权专利数 X 23	多频次使用，例中国科研评价研究中心《中国高校科技创新竞争力排行榜》	《高等学校科技统计资料汇编》
授权发明专利所占比例 X 24	改进指标，参考指标：授权专利数、授权发明专利	《高等学校科技统计资料汇编》
科技人员人均发明专利数 X 25	改进指标，参考指标：科技人员人均论文发表数	《高等学校科技统计资料汇编》
R&D 成果应用项目数 X 26	多频次使用，例施星国等《区域高校科技创新能力的评价研究》	《高等学校科技统计资料汇编》
科技培训社会人次 X 27	刘勇《高校科技创新能力评级模型研究》	各校统计报告、官网新闻（暂缺）
当年毕业硕博士人数 X 28	改进指标，参考指标：当年培养博士生数量	各高校就业统计报告、各高校就业信息网站
专利出售合同收入 X 29	多频次使用，例晏自翔等《应用导向下地方高校科技创新能力评价研究》	《高等学校科技统计资料汇编》
单项专利出售平均金额 X 30	刘勇《高校科技创新能力评级模型研究》	《高等学校科技统计资料汇编》
出售专利占授权专利的比重 X 31	改进指标，参考指标：出售专利数、授权专利数	《高等学校科技统计资料汇编》

续表

三级指标	选取来源	数据来源
技术转让合同经费总额 X32	多频次使用，例中国科研评价研究中心《中国高校科技创新竞争力排行榜》	《高等学校科技统计资料汇编》
单笔合同平均技术转让经费 X33	改进指标，参考指标：技术转让合同经费总额及技术转让合同数	《高等学校科技统计资料汇编》
自办科技企业国有资产增值保值率 X34	改进指标，参考指标：校办科技企业实现收入、利润额；校办科技产业年销售额	各高校信息公开网、依法申请公开程序
科技服务项目经费 X35	多频次使用，例施星国等《区域高校科技创新能力的评价研究》	《高等学校科技统计资料汇编》

1. 大学科技创新支撑能力

大学科技创新的支撑能力即为大学科技创新力发展支撑条件，是科技创新发展的环境和资源。主要包括三个方面：国际交流与合作能力、人才培养能力以及创新管理文化。

信息化时代，互联网技术及交通行业的发展，使得国家的联系与合作更为紧密。与西方科技发达国家相比，中国高校的科技创新水平和国际影响力显得有些薄弱，因此大学科技创新力的发展不能故步自封囿于自己的一方天地，以防成为"井底蛙"，高等教育领域积极开展国际交流和合作，这是中国经济与社会发展的需要。开展国际交流与合作不仅可以获取更多国际上最先进最前沿的信息成果，同时也可以拓宽科研人员的眼界活跃创新思维，更可以把科技创新成果交予国外专家学者评判，共享发展成果、共谋进步。因此国际交流合作能力已成为大学科技创新力的一个前提发展条件，对大学科技创新力的国际化和先进化发展提供支撑。在此，国际交流与合作能力主要由"出国合作交流派遣人次"及"国际学术会议主办次数"两个三级指标来表现。

将人才培养能力作为大学科技创新支撑能力的二级指标主要有两个原因：一是高等学校作为培养人才和知识创新的基地，更要把培养具有创新精神和能力的高层次人才置于最突出的地位。"教"与"学"自古以来就是相互依赖、相互促进的两方面，教学相长，通过人才培养可以促进教师队伍的科技创新水平。二是高校培养大批高级知识分子，由于青年人具有较强的求知欲和旺盛的思维能力，因此这些人也可以称之为"后备型科技人才"，他们积极参与导师的课题，成为科技创新活动的主要辅助人员和支撑力量，同时在创新实践中优化了创新思维模式，积累了经验和知识，促进自身科技创新能力的提高。[①] 由于大学科技创新活动对学生的学历层次和专业素养具有较高的要求，在此，通过"博士点数量""国家级精品课程""国家级重点学科""国家级教学成果奖"

---

① 周晔：《河北省高校科技创新能力评价研究》，硕士学位论文，河北工业大学，2006年。

四个三级指标来衡量大学的人才培养能力。

创新管理文化一方面是指大学的科研管理制度、激励制度、财务制度、成果转化制度作为促进科技创新投入资源（人、财、物）的生产潜力能够充分发挥出来的一种文化土壤。作为一种制度性的环境支撑力，其重点在于是否给科技创新的主体即科技人员提供了一个满意舒适的创新环境。另一方面，科技管理制度本身的创新，即要激活创新主体与创新载体的各自功能及相互作用机制的良性运行。所以在这里采用的是一个主观性的指标——"管理制度满意度"。这个满意度的评价主体是学校的科技人员，虽然操作起来具有一定的复杂性，但是将科技创新的主体参与到评价过程中来，对结果的科学性具有促进意义。

2. 大学科技创新投入能力

从经济学的角度来讲，对一个活动的投资无外乎人、财、物三个方面。大学科技创新投入能力在此主要分为人力资源投入、科研经费投入、科研基地及设施三个方面。

大学作为实施人才强国战略的重要组成部分，只有充分发挥在人才培养、发展科学、文化建设等方面的作用，才能更好地为中国国际竞争力的增强和人民生活水平的提高提供强大的智力支持和人才支持，高校自身的科技创新水平和社会声誉也将获得很大的发展。[1] 这些因素成为高校参与人才强国战略的动力。"大学者，非大楼之谓也，乃大师之谓也"。有学者认为高校科技人力资源，主要指在高校科研、教学、管理岗位上，具有教学、科学研究与技术开发或管理能力，并取得国家认定和合法的相应资格证书的科技人力资源和管理者。[2] 科技研究人员（大多指教师队伍）是科技人力资源的核心部分，但是科技项目辅助人员的支持工作为科技研究人员免除了后顾之忧，所以二者不可偏废，要保持适当比例。此外，大学最重要的职能是人才培养，尤其是那些高层次的创新型人才已经参与到大学的科技创新活动当中，是未来推动我国科技创新发展的主体，是后备型的人才资源，所以科技人力资源既要包括在职工作的科学技术人才也要包括大学培养的科学技术人才。所以在此采用"高级职称科技人员数与科技人员总数的比例""全校教学科技人员的全时""在读研究生数""科研辅助人员与科技人员总数的比例"四个三级指标来表现大学科技人力资源投入。

国内外的众多研究表明，科研经费的投入与科研

---

[1]　盛子同：《论高校在实施人才强国战略中的地位和作用》，《福建师范大学学报》（哲学社会科学版）2005 年第 2 期。

[2]　张厚吉、帅相志：《高等学校科技创新的实践与发展取向》，科学出版社 2009 年版。

成果的产出具有很大的正相关关系。在此采用"政府拨入科技经费数""企事业委托项目科技经费数""人均科研经费数"三个三级指标来反映大学的科技研究经费投入状况，既反映了经费绝对总量，又反映经费的来源和相对量。

科技研发机构及平台往往集聚了大量先进的设备以及信息资源。研究与发展机构是一般具有明确、稳定的科研方向，一定数量与质量的科技力量、基本的实验条件，从事研究与发展活动，以系统创造性劳动为主的专门组织机构。同时研发机构与平台的数量与质量也代表着一种研发能力，在一定程度上能够反映争取重大科研项目的能力。在此选用"国家级科技研究平台数量""国际科技合作平台数量""省部级科技研发平台数量"三个指标来评价科技研发机构及平台的投入能力。

3. 大学科技创新产出能力

"科技"，既包括科学知识又包括技术。同时大学新科技知识量的增长主要通过培养科技人才来传播新科技知识，因为掌握一定科技知识的专门人才的数量越多，以生产力形态存在的科技知识在社会上的数量就越多，这种人才主要是职业型、应用型及技术型人才。大学作为一种教育投资的重要机构，其科技创新的产出不仅表现在科技知识的产出与技术的研发与改进上，大学培养的科技人才作为促进生产力发展最重要的潜在因素、推动知识经济最活跃的因素，因此也应当看作是一种"产出的成果"。在此用"知识产出""技术产出"以及"人才产出"三个二级指标来表现大学科技创新产出能力。

在知识成果方面，大学是基础研究的主力军，基础研究的主要成果就是论文的发表情况。因此选用了"人均发表论文数""ESI 高被引论文被引次数""科技著作数"三个三级指标来表现大学科技创新方面基础研究的一般成果，而"国家级科技成果奖励数""省部级科技成果奖励数"是用来表现具有特殊贡献的科技研发成果。在技术产出方面用"授权专利数""授权发明专利所占比例""科技人员人均发明专利数""R&D 成果应用项目数"来衡量。而人才产出即应包括学校高层次在读学生的培养成效亦应当包括社会培养成果，因此采用"科技培训社会人次""当年毕业硕博士人数"两个指标来表现。

随着科技创新在国家经济社会发展进程中的贡献的不断递增，如何最大限度地发挥高校科技创新活动改造社会、服务社会的功用，同时实现高校自身的可持续发展，是现有研究高校科技创新的一个重要切入点。

4. 大学科技创新贡献能力

大学的科技创新研究一般不能直接用于生产，但是却具有很强的"外在经济性"，市场终将成为科技创新成果的归宿，从而造福社会的各个层面。为经济发展和社会进步服务才应当是大学科技创新发展的终极目标。随着科技进步在知识经济时代的发展的推动作用日益显著，高等教育的社会服务功能也日益得到重视。科技成果转化是大学科技创新的最后一个环节，也是实现大学科技创新活动服务社会的直接环节。

中国高校的科技成果转化途径一般都是需要产学研三方面的合作，所以在形式上往往表现为专利技术转让给研究机构和企业，或者通过一些科技服务项目为企事业传播科技知识、提供技术支持，同时也有很大一部分是在学校的自办科技企业里直接转化。与市场上一般的科技企业相比，大学自办科技型企业由于自身依赖衍生于各高校及其科研平台，往往能够获取到最前沿最新的科技创新成果，同时其转化生产过程得力于科技创新者的直接指导，所以具有得天独厚的优势。大学自办科技企业往往能够对一个行业的知识发展和技术进步产生辐射带动作用，因此大学自办科技企业的数量和经营状况是反映大学科技创新力的一个重要参考维度。同时，科技服务项目经费、专利出售收入以及技术转让收入作为经济化指标来衡量大学科技创新成果的收益，一方面反映了已有科技创新成果的市场价值和社会服务性，另一方面也代表了各高校对科技创新成果转化方面的观念和态度。因此把科技成果转化模块分为"专利转化""技术转化""其他途径"三个方面，下设七个三级指标。

四　测评对象、原则及方法

（一）测评对象

2016 年 5 月 30 日，习近平总书记在全国科技创新大会、两院院士大会、中国科协第九次全国代表大会上的重要讲话中指出"科技创新、制度创新要协同发挥作用，两个轮子一起转"。体现了"深化改革创新，形成充满活力的科技管理和运行机制的重要性"。这一点启示我们：高校的科技创新评价标准就不应该是单一的，应该给科研工作者一定的空间和时间。只有采用多种评价方式才能符合现在社会发展多元的趋势，才能反映国家对科技工作者的充分信任，让科研工作者有信心、有环境去做创新。只有这样，才能充分发挥大学人才培养和科技创新相结合的优势，推进基础研究和国家目标的战略技术研究。本报告以教育部发布的《高等学校科技统计资料汇编（2014—2016 年）》

中的 64 所教育部直属高校为测评对象。其中理工类院校 34 所，综合类院校 14 所，医药类院校两所，师范类院校 5 所，农林类院校 6 所，其他类型院校 3 所，且中国石油大学分为华东校区和北京校区，中国地质大学分为武汉校区和北京校区，中国矿业大学分为徐州校区和北京校区，这些院校是我国同类院校中综合实力最强的院校。但需说明的是由于统计数据来源的限制，如中国科学技术大学、哈尔滨工业大学、北京航空航天大学等其他部属大学与一些高水平地方高校未列入本次指标测评范围。

（二）测评原则

本次大学科技创新力指标体系的建构中，评价指标的选择和设置必须抓住高校科技创新的主要方面和本质特征，突出人才培养和社会服务功能，尽量保证指标设置的科学化、全面化，并以一定的现实统计数据为基础，以利于实际计算应用和评价分析，因此应当遵循以下原则：

1. 系统性与独立性的统一

指标体系的系统性是指要以整体的眼光评估大学科技创新力，评价指标要对评估对象特质的方方面面有着整体的把握，不能有所遗漏或偏颇。同时也指要站在系统论的角度来评估大学的科技创新力，认为高校系统以科技创新人才为主体，以物质资源和创新人才培养对象为客体，以科技创新制度文化环境为支撑，形成有序运行、协同作用的创新生态系统。而独立性是指各个评价指标之间应当相互独立、没有交叉，分别具有不同的特征意义，以此保证测评结果的精确性。

2. 定性与定量的统一

首先，在大学科技创新力的评价指标选取中应当坚持"定性与定量相结合"的原则。由于不同的学科具有不同的特点，存在研究周期和成果难易等方面的差异。如果统一采用量化指标，难免对一些学科的发展有失公平，同时又由于量化指标通常是对已经成熟的表现出来的事物的衡量，一些诸如文化制度和满意度等方面指标的难以量化；然而，如果仅采用主观性的定性指标，相当于把评价权几乎完全交给了评价者，由于自身的知识局限和情感偏好就很难保证评价结果的客观性，同时也可能会成为一种利益寻租工具。此外，在量化指标的选取上应当平衡绝对指标和相对指标的比例。绝对数量的大小往往具有规模效应，跟一个实体的现有存量能力往往呈现正相关关系，但与此同时，也应考虑规避了规模效应的人均指标，以更好地反映学校的科技创新效率和潜力。

3. 成果性与效率性的统一

信息化时代，知识成为前沿生产力中最为核心的生产要素，教育是知识产生和散播的"温床"。在人力资本理论中，教育是一种针对人力资源能力的投资，因此站在经济角度上，教育应当像其他的经济活动一样，不仅应当关注它的成果更应该关注它的收益。对高校科技创新体系的评价也是一样的，我们不仅要分析高校的论文产出情况、科技成果鉴定、专利申请、成果转化等，也需要从"效率"的角度去考察我国高校的科技创新，以经济学的眼光来衡量大学的科技创新产出效率，从而对科技创新活动中的资源浪费等现象起到警醒作用。

4. 可行性与指导性的统一

指标体系的可行性既表现在指标的可得性，又表现在可操作性上。本研究在对现有大学科技创新力评价指标的整理和综合的基础之上，以 2014、2015、2016 三年的《高等学校科技统计资料汇编》、《中国研究生教育及学科专业评价报告》、中华人民共和国教育部官网、科技部官网、各高校官网及信息公开网为数据来源，最大限度地利用和开发现有公开的官方数据，同时又要综合考虑考核主体的综合能力，设计便于操作的评价步骤，评价结果易于理解。

以人才强国理论、创新型国家理论及教育竞争力理论为大学科技创新力评价指标体系的理论基础，根据指标的构建原则初拟出"人才强国战略下大学科技创新力指标体系"，如表4.1所示。

表4.1　　　　　　中国高等教育科技创新力评价指标体系

大学科技创新力指标评价体系		
一级指标	二级指标	三级指标
科技创新支撑能力	国际合作交流能力	出国合作交流派遣（人次）X1
		国际学术会议主办次数（次）X2
	人才培养能力	博士点数量（个）X3
		国家级精品课程（个）X4
		国家级重点学科（个）X5
		国家级教学成果奖（个）X6
	创新管理文化	科研管理制度满意度 X7
科技创新投入能力	人力资源投入	科技辅助人员与科技人员总数的比例（%）X8
		高级职称科技人员数与科技人员总数的比例（%）X9
	科研经费投入	全校教学科技人员的全时当量 X10
		在读研究生数 X11
		政府拨入科技经费数（千元）X12
	科研基地及平台	企事业委托项目科技经费数（千元）X13
		人均科研经费数（千元）X14
		国家级科技研发平台数量（个）X15
		国际科技合作平台数量（个）X16
		省部级科技研发机构数量（个）X17

续表

大学科技创新力指标评价体系		
一级指标	二级指标	三级指标
科技创新产出能力	知识产出	人均发表论文数（篇）X 18
		ESI 高被引论文被引次数（次）X 19
		科技著作数（部）X 20
		国家级科技成果奖励数（个）X 21
		省部级科技成果奖励数（个）X 22
	技术产出	授权专利数（个）X 23
		授权发明专利所占比例（%）X 24
		科技人员人均发明专利数（个）X 25
		R&D 成果应用项目数（个）X 26
	人才产出	科技培训社会人次（人）X 27
		当年毕业硕博士数（人）X 28
科技创新贡献能力	专利转化	专利出售合同收入（千元）X 29
		单项专利出售平均金额（千元）X 30
		发明专利占授权专利的比重（%）X 31
	技术转化	技术转让合同经费总额（千元）X 32
		单笔合同平均技术转让经费（千元）X 33
	其他途径	自办科技企业国有资产增值保值率（%）X 34
		科技服务项目经费（千元）X 35

资料来源：需说明本指标体系的人均科研经费及人均发表论文数指科技活动人员而非 R&D 人员。

（三）　测评方法

目前国内外相关的评价方法有数百种之多，大多数尚处于理论研究阶段，不十分成熟。这些评价方法各有其特点，但大体上可以分为两类，主要区别在确定权重上，见图 4.1 所示。一类是主观赋权，多是采取综合咨询评分的定性方法确定权数，然后对无量纲后的数据进行综合，如专家评价法、层次分析法、模糊综合评判法等。另一类是客观赋权，即根据各指标之间的相关关系或各项指标值的变异程度来确定权数。鉴于本指标体系中的参数指标较多，且指标间的轻缓程度不好判断，层次分析法（AHP）不适宜该指标的评价，其他一些评价方法也不适合，本次测评采用的是主成分分析法。

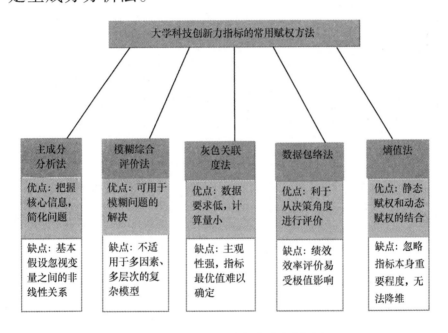

图4.1 各指标评价方法对比分析图

主成分分析法是研究用变量族的少数几个线性组合（新的变量族）来解释多维变量的方差结构的，挑选最佳变量子集（即影响总体的关键因素），简化数据，揭示变量间经济关系的一种多元统计方法，故本书采用主成分分析法进行赋权。

1. 主成分分析法的基本原理

主成分分析法是将多个指标转化为少数几个互不相关的综合指标的一种多元统计分析方法，设有 n 个样本，每个样本有 p 个指标 $x_1, x_2, \cdots, x_p$ 描述，可得原始数据矩阵：

$$X = \begin{bmatrix} x_{11} & x_{12} & x_{13} \\ \cdots & \cdots & \cdots \\ x_{n1} & x_{n2} & x_{np} \end{bmatrix} \triangleq (X_1, X_2, \cdots, X_P) \qquad (1)$$

其中 $X_j = (x_{1j}, x_{2j}, \cdots, x_{nj})^T, j = 1, 2, \cdots, p$

用数据矩阵 X 的 P 个向量 $X_1, X_2, \cdots, X_P$ 做线性组合（即综合指标向量）可得 $F_i = a_{1i} X_1 + a_{2i} X_2 + \cdots + a_{pi} X_p, i = 1, 2, \cdots, p$ $\qquad (2)$

F_1 是 $X_1, X_2, \cdots, X_P$ 的以上组合中方差最大的，其次是 $F_2, F_3, \cdots, F_p$ 即

$$\mathrm{var}(F_1) \geqslant \mathrm{var}(F_2) \geqslant \cdots \geqslant \mathrm{var}(F_P) \qquad (3)$$

如上决定的综合指标 $F_1, F_2, F_3, \cdots, F_p$ 分别称为原指标的第一主成分、第二主成分……第 p 主成分。用前面的一部分主成分 $F_1, F_2, F_3, \cdots, F_k (k < p)$，在实际操作中就可反映原指标所包含的较大部分的信息量，且主成分之间互不相关，这样就可以用少数的几个不相关的主成分代替原始指标来分析解决问题。[1]

---

[1] 刘新平、张运良：《教育统计与测评导论》，科学出版社 2013 年版，第 189 页。

2. 利用 SPSS 软件对大学科技创新力的主成分分析

（1）检验数据分析可行性

表 4.2　　　　　　　　　　KMO 和 BARTLETT 检验

KMO 取样适切性量数		0.752
巴特利特球形度检验	近似卡方	1914.174
	自由度	435
	显著性	0.000

使用 SPSS21.0 对所得样本数据进行 KMO 和 BARTLETT 的球形度检验，求得 KMO 值为 0.752 > 0.7，因子分析效果较好，Barlett 的球形度检验近似卡方为 1914.174，且 P 值为 0 < 0.05，在 0.05 的水平上变量间是相关的，这两方面的检验都说明数据很适合进行主成分分析。

（2）变量的共同度

表 4.3　　　　　　　　　　公因子方差

公因子方差		
	初始	提取
出国合作交流派遣（人次）X1	1.000	0.588
国际学术会议主办数（次）X2	1.000	0.700
博士点数量（个）X3	1.000	0.790
国家级重点学科（个）X5	1.000	0.906
国家级教学成果奖（项）X6	1.000	0.835

续表

公因子方差		
	初始	提取
科技活动人员总数（人）X8	1.000	0.887
高级职称科技人员数与科技人员总数的比例（%）X9	1.000	0.740
全校教学科技人员的全时当量 X10	1.000	0.840
在读研究生数（人）X11	1.000	0.738
政府拨入科技经费数（万元）X12	1.000	0.933
科技经费企事业委托数（万元）X13	1.000	0.833
人均科研经费数（万元）X14	1.000	0.637
国家级科技研究机构的数量（个）X15	1.000	0.877
其他省部级科技研究机构的数量（个）X17	1.000	0.688
人均发表论文数（篇）X18	1.000	0.659
ESI 高被引论文被引次数（次）X19	1.000	0.815
科技著作数（部）X20	1.000	0.661
国家级科技成果奖励数（项）X21	1.000	0.872
省部级科技成果奖励数（项）X22	1.000	0.729
授权专利数（项）X23	1.000	0.890
授权发明专利所占比例（%）X24	1.000	0.770
科技人员人均发明专利数（项）X25	1.000	0.711
R&D 成果应用项目数（项）X26	1.000	0.584
当年硕博士毕业人数（人）X28	1.000	0.789
专利出售合同收入（万元）X29	1.000	0.790
单项专利出售平均金额（万元）X30	1.000	0.944
出售专利占授权专利的比重（%）X31	1.000	0.798
技术转让合同经费总额（万元）X32	1.000	0.716
单笔合同平均技术转让经费（万元）X33	1.000	0.936
科技服务项目经费（万元）X35	1.000	0.651

提取方法：主成分分析。

如表4.3所示，"公因子方差"实际给出的就是初始变量的共同度，"提取"列表示变量共同度的取值。共同度取值的空间范围为［0，1］。表4.3中的30个变量的共性方差均大于0.5，介于0.6—0.9左右，能较好地反映原始变量的主要信息。

（3）因子分析的总方差解释

表4.4　　　　　　　　　　因子分析的总方差解释

成分	初始特征值			提取平方和载入			旋转平方和载入		
	合计	方差的%	累计%	合计	方差的%	累计%	合计	方差的%	累计%
1	12.346	41.153	41.153	12.346	41.153	41.153	7.673	25.578	25.578
2	2.646	8.821	49.974	2.646	8.821	49.974	4.246	14.153	39.731
3	2.461	8.204	58.178	2.461	8.204	58.178	4.174	13.913	53.644
4	2.079	6.929	65.107	2.079	6.929	65.107	2.460	8.202	61.845
5	1.451	4.835	69.942	1.451	4.835	69.942	1.850	6.168	68.013
6	1.176	3.920	73.862	1.176	3.920	73.862	1.557	5.191	73.204
7	1.145	3.818	77.680	1.145	3.818	77.680	1.343	4.475	77.680
8	0.905	3.016	80.696						
9	0.806	2.688	83.383						
10	0.765	2.549	85.933						
11	0.649	2.162	88.095						
12	0.494	1.648	89.743						
13	0.444	1.480	91.223						
14	0.429	1.430	92.653						
15	0.359	1.197	93.850						
16	0.300	1.000	94.850						

续表

成分	初始特征值			提取平方和载入			旋转平方和载入		
	合计	方差的 %	累计 %	合计	方差的 %	累计 %	合计	方差的 %	累计 %
17	0.272	0.906	95.756						
18	0.247	0.822	96.578						
19	0.209	0.698	97.276						
20	0.169	0.564	97.840						
21	0.142	0.473	98.313						
22	0.130	0.432	98.745						
23	0.097	0.325	99.070						
24	0.082	0.272	99.342						
25	0.075	0.250	99.592						
26	0.050	0.166	99.758						
27	0.025	0.085	99.842						
28	0.023	0.076	99.918						
29	0.017	0.056	99.975						
30	0.008	0.025	100.000						

提取方法：主成分分析。

从表4.4中可以看出来，前6个因子的特征根分别为12.346，2.646，2.461，2.079，1.451，1.176，旋转后的因子方差贡献率都大于5%，第一个因子的特征根12.346，解释了30个原始变量总方差的41.153%，累计方差贡献率41.153%；第二个因子的特征根为2.646，解释了30个原始变量总方差的8.821%；前6个因子的累计方差贡献率为73.862%，且它们的特征根取值大于1，自第7个因子开始，旋转后方差贡献率小于5%，说明选择前6个公因子基本包含了30个全部原始变量的主要信息，因此，选择前6个因子为主因子即可，也就是说可以将前6个因子视作该指标群中的主成分。同时，被提取的载荷因子平方和旋转后的平方载荷数据组累出了因子被提取后和旋转后的因子方差解释情况，都支持选择前6个公共因子。

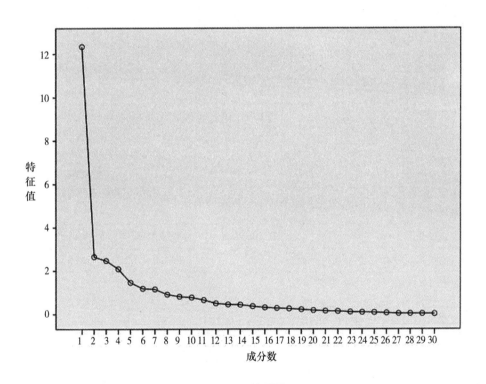

图4.2　碎石图

如图4.2所示的是因子碎石图。横坐标为因子数目，纵坐标为特征根。可以看到，第一个因子的特征值很高，对解释原有变量的贡献最大，因子 1 到 6 间的连线的坡度相对较陡，说明前 6 个因子是主要因子，这和表 4.4 中的结论判断相吻合。

（4）旋转前的因子载荷矩阵

表 4.5 系数矩阵的因子表达式

	成分					
	1	2	3	4	5	6
出国合作交流派遣（人次）X1	0.663	-0.208	-0.116	0.125	-0.204	-0.130
国际学术会议主办数（次）X2	0.793	-0.084	-0.091	0.115	0.140	-0.150
博士点数量（个）X3	0.769	-0.211	0.221	-0.199	-0.109	-0.110
国家级重点学科（个）X5	0.853	-0.318	-0.027	0.048	-0.148	-0.187
国家级教学成果奖（项）X6	0.829	-0.207	-0.107	0.141	-0.212	-0.171
科技活动人员总数（人）X8	0.758	-0.095	0.224	-0.479	0.066	0.135
高级职称科技人员数与科技人员总数的比例（%）X9	-0.001	-0.401	0.073	0.133	-0.348	0.597
全校教学科技人员的全时当量 X10	0.772	-0.163	0.182	-0.348	0.017	0.176
在读研究生（人）X11	0.705	-0.036	0.067	-0.101	0.183	0.135
政府拨入科技经费数（万元）X12	0.941	-0.168	-0.065	0.021	0.009	-0.101
科技经费企事业委托数（万元）X13	0.844	0.303	-0.146	0.071	-0.023	0.023
人均科研经费数（万元）X14	0.244	0.239	-0.381	0.438	-0.022	0.063
国家级科技研究机构的数量（个）X15	0.927	-0.055	-0.048	0.027	0.035	-0.043
其他省部级科技研究机构的数量（个）X17	0.522	-0.165	0.288	-0.234	0.375	0.229
人均发表论文数（篇）X18	0.337	-0.196	-0.346	0.336	0.382	-0.326
ESI 高被引论文被引次数 X19	0.771	-0.292	-0.108	0.157	-0.217	-0.227
科技著作数（部）X20	0.575	-0.011	0.181	0.061	-0.063	0.222
国家级科技成果奖励数（项）X21	0.898	0.173	-0.055	0.134	-0.108	0.042

续表

	成分					
	1	2	3	4	5	6
省部级科技成果奖励数（项）X22	0.746	0.242	-0.124	-0.181	0.149	0.187
授权专利数（个）X23	0.743	0.504	-0.164	-0.138	0.112	0.159
授权发明专利所占比例（%）X24	0.173	-0.521	0.044	0.553	0.351	0.161
科技人员人均发明专利数（个）X25	0.258	0.663	-0.385	0.118	0.181	0.099
R&D成果应用项目数（项）X26	0.493	0.387	0.013	-0.054	0.371	-0.068
当年硕博士毕业生数（人）X28	0.694	-0.234	0.209	-0.386	0.142	-0.199
专利出售合同收入（万元）X29	0.572	0.426	0.352	0.388	0.033	0.054
单项专利出售平均金额（万元）X30	0.088	0.283	0.851	0.341	0.007	-0.114
出售专利占授权专利的比重（%）X31	0.068	-0.436	-0.107	0.400	0.390	0.381
技术转让合同经费总额（万元）X32	0.613	0.092	-0.034	0.340	-0.438	0.149
单笔合同平均技术转让经费（万元）X33	0.047	0.230	0.862	0.349	-0.005	-0.110
科技服务项目经费（万元）X35	0.567	0.328	-0.151	-0.093	-0.325	0.152

提取方法：主成分分析法。

a. 已提取了6个成分。

（5）旋转后的因子载荷矩阵

虽然通过系数矩阵可以用标准化后的原始变量转化为各因子表达式，但各因子的解释意义仍然模糊。这里采用凯撒正态化最大方差法。经过旋转之后，使得各因子的变量变得清晰、易于理解。

表 4.6   旋转后的因子负荷矩阵

	成分					
	1	2	3	4	5	6
出国合作交流派遣（人次）X1	0.716	0.085	0.186	− 0.019	0.014	0.160
国际学术会议主办数（次）X2	0.652	0.281	0.327	0.033	0.188	0.128
博士点数量（个）X3	0.680	0.122	0.423	0.100	0.009	− 0.345
国家级重点学科（个）X5	0.888	0.111	0.275	− 0.009	0.134	− 0.099
国家级教学成果奖（项）X6	0.870	0.177	0.194	0.005	0.064	0.064
科技活动人员总数（人）X8	0.405	0.227	0.768	0.003	− 0.101	− 0.265
高级职称科技人员数与科技人员总数的比例（%）X9	0.048	− 0.183	0.119	− 0.037	0.167	0.042
全校教学科技人员的全时当量 X10	0.460	0.179	0.748	0.014	− 0.059	− 0.111
在读研究生（人）X11	0.359	0.222	0.684	0.079	0.006	0.280
政府拨入科技经费数（万元）X12	0.797	0.263	0.453	0.003	0.105	0.093
科技经费企事业委托数（万元）X13	0.568	0.653	0.251	0.070	− 0.021	0.107
人均科研经费数（万元）X14	0.182	0.319	− 0.098	− 0.006	0.023	0.683
国家级科技研究机构的数量（个）X15	0.715	0.349	0.465	0.049	0.078	0.126
其他省部级科技研究机构的数（个）X17	0.119	0.075	0.791	0.125	0.165	0.012
人均发表论文数（篇）X18	0.368	− 0.012	0.068	− 0.128	0.343	0.499
ESI 高被引论文被引次数 X19	0.881	0.075	0.152	− 0.015	0.091	0.053
科技著作数（部）X20	0.412	0.402	0.136	0.165	0.284	− 0.445
国家级科技成果奖励数（项）X21	0.676	0.551	0.279	0.142	0.015	0.101
省部级科技成果奖励数（项）X22	0.342	0.634	0.443	− 0.073	0.031	− 0.053
授权专利数（个）X23	0.285	0.798	0.376	0.002	− 0.125	0.087
授权发明专利所占比例（%）X24	0.209	− 0.172	0.050	0.110	0.813	0.139
科技人员人均发明专利数（项）X25	− 0.061	0.755	− 0.068	− 0.061	− 0.066	0.310
R&D 成果应用项目数（项）X26	0.128	0.551	0.261	0.133	0.081	− 0.042
当年硕博士毕业生数（人）X28	0.513	0.002	0.648	0.015	− 0.052	− 0.211
专利出售合同收入（万元）X29	0.292	0.500	0.142	0.639	0.060	0.149

续表

	成分					
	1	2	3	4	5	6
单项专利出售平均金额（万元）X30	−0.019	−0.018	0.056	0.966	−0.031	−0.064
出售专利占授权专利的比重（%）X31	0.018	0.023	−0.009	−0.110	0.878	−0.081
技术转让合同经费总额（万元）X32	0.620	0.396	−0.078	0.189	0.016	0.051
单笔合同平均技术转让经费（万元）X33	−0.029	−0.078	0.042	0.960	−0.014	−0.071
科技服务项目经费（万元）X35	0.413	0.619	0.018	−0.049	−0.180	−0.211

提取方法：主成分分析法。

旋转法：具有 Kaiser 标准化的正交旋转法。

旋转在 9 次迭代后收敛。

（6）主因子影响因子群分析

如表 4.6 中显示了实施因子旋转后的载荷矩阵。可看到，第一个主因子在"博士点数量""国家级重点学科""国家级教学成果奖"等指标上具有较大的载荷系数，第二个因子在"授权专利数""科技经费企事业委托数""科技服务项目经费"等指标上的系数较大，第三个因子在"科技活动人员总数""全校教学科技人员的全时当量""其他省部级科技研究机构的数""在读研究生"等指标上系数较大，第四个因子在"专利出售合同收入""单项专利出售平均金额"等系数上最大……具体见表 4.7 至 4.12 所示。

经过分析各因子的因子荷载，分别列出对各个主成分因子影响程度较大的若干个因子，从而对主成分因子的内涵概念有一个整体的把握。

表4.7　　　　　　　　　　主成分因子 F1 的影响因子群

对 F1 因子影响程度较大的因子变量	因子荷载
出国合作交流派遣（人次）X1	0.716
国际学术会议主办数（次）X2	0.652
博士点数量（个）X3	0.680
国家级重点学科（个）X5	0.888
国家级教学成果奖（项）X6	0.870
政府拨入科技经费数（万元）X12	0.797
国家级科技研究机构的数量（个）X15	0.715
ESI 高被引论文被引次数 X19	0.881
科技著作数（部）X20	0.412
国家级科技成果奖励数（项）X21	0.676
技术转让合同经费总额（万元）X32	0.620

主因子 F1 主要反映各大学出国合作交流派遣、国际学术会议主办数、博士点数量、国家级重点学科、国家级科技研究机构数的数量、政府拨入科技经费数等指标，可以将主因子 F1 定义为高校科技创新表现因子。

表4.8　　　　　　　　　　主成分因子 F2 的影响因子群

对 F2 影响程度较大的因子变量	因子荷载
科技经费企事业委托数（万元）X13	0.653
省部级科技成果奖励数（项）X22	0.634
授权专利数（个）X23	0.798
科技人员人均发明专利数（项）X25	0.755
R&D 成果应用项目数（项）X26	0.551
科技服务项目经费（万元）X35	0.619

主因子 F2 主要反映了省部级科技成果奖励数、授权专利数、科技人员人均发明专利数、R&D 成果应用项目数等项目，因此可以将主因子 F 定义为高校科技创新产出因子。

表 4.9 主成分因子 F3 的影响因子群

对 F3 中影响程度较大的因子变量	因子荷载
科技活动人员总数（人）X8	0.768
高级职称科技人员数与科技人员总数的比例（%）X9	0.119
全校教学科技人员的全时当量 X10	0.748
在读研究生（人）X11	0.684
其他省部级科技研究机构的数（个）X17	0.791
当年硕博士毕业生数（人）X28	0.648

主因子 F3 反映了各大学在科技活动人员总数、全校教学科技人员的全时当量、在读研究生、当年硕博士毕业生数等，主要涉及了科技创新的知识产出方面，因此可以将 F3 主因子定义为高校科技创新投入因子。

表 4.10 主成分因子 F4 的影响因子群

对 F4 影响程度较大的因子变量	因子荷载
专利出售合同收入（万元）X29	0.639
单项专利出售平均金额（万元）X30	0.966
单笔合同平均技术转让经费（万元）X33	0.960

主因子 F4 主要反映了专利出售合同收入、单项专利出售平均金额、单笔合同平均技术转让经费，更多突出的是高校在知识或知识产权创造方面的能力，也是高校科技创新能力强弱的重要体现。因此，可以将 F4 命名为高校知识产权创造因子。

表4. 11   主成分因子 F5 的影响因子群

对 F5 影响程度较大的因子变量	因子荷载
授权发明专利所占比例（%）X24	0.813
出售专利占授权专利的比重（%）X31	0.878

主因子 F5 主要反映了授权发明专利所占比例、出售专利占授权专利的比重，突出的是各大学的每项专利和每笔合同技术转让的价值，可以将 F5 定义为高校知识创新潜力因子。

表4. 12   主成分因子 F6 的影响因子群

对 F6 影响程度较大的因子变量	因子荷载
人均科研经费数（万元）X14	0.683
人均发表论文数（篇）X18	0.499

主因子 F6 主要反映了相对指标类，如人均科研经费数、人均发表论文数，很大程度上表现了排除了规模效应的科技创新力水平，更能真实的反映高校每位

科研人员所能支配和拥有的科研经费以及发表的论文数，一定程度上体现了该校的科研实力。因此可将 F6 命名为高校科技创新效益因子。

使用 SPSS21 求得样本数据的成分得分矩阵。

表 4.13　　　　　　　　　　成分得分系数矩阵

	成分					
	1	2	3	4	5	6
出国合作交流派遣（人次）X1	0.168	−0.097	−0.049	−0.010	−0.079	0.106
国际学术会议主办数（次）X2	0.081	−0.017	0.003	0.001	0.063	0.061
博士点数量（个）X3	0.122	−0.054	−0.002	0.012	−0.024	−0.224
国家级重点学科（个）X5	0.202	−0.089	−0.085	−0.020	0.004	−0.089
国家级教学成果奖（项）X6	0.203	−0.074	−0.102	−0.007	−0.046	0.019
科技活动人员总数（人）X8	−0.058	0.002	0.242	−0.041	−0.055	−0.119
高级职称科技人员数与科技人员总数的比例（%）X9	−0.048	−0.009	0.110	−0.024	0.061	0.067
全校教学科技人员的全时当量 X10	−0.044	−0.029	0.248	−0.029	−0.058	−0.008
在读研究生（人）X11	−0.086	−0.035	0.282	0.017	−0.039	0.257
政府拨入科技经费数（万元）X12	0.106	−0.049	0.037	−0.017	−0.004	0.060
科技经费企事业委托数（万元）X13	0.029	0.145	−0.038	0.001	−0.015	0.022
人均科研经费数（万元）X14	−0.001	0.051	−0.015	0.015	−0.039	0.436
国家级科技研究机构的数量（个）X15	0.064	−0.008	0.060	0.000	−0.005	0.083
其他省部级科技研究机构的数量（个）X17	−0.171	−0.026	0.360	0.026	0.095	0.088
人均发表论文数（篇）X18	0.074	−0.110	0.000	−0.030	0.126	0.307
ESI 高被引论文被引次数 X19	0.231	−0.112	−0.121	−0.011	−0.041	0.012
科技著作数（部）X20	0.019	0.173	−0.108	0.025	0.209	−0.374
国家级科技成果奖励数（项）X21	0.065	0.094	−0.038	0.033	−0.019	0.033

续表

	成分					
	1	2	3	4	5	6
省部级科技成果奖励数（项）X22	-0.085	0.189	0.093	-0.072	0.057	-0.070
授权专利数（个）X23	-0.100	0.233	0.076	-0.037	-0.027	0.023
授权发明专利所占比例（%）X24	-0.015	-0.035	0.009	0.050	0.436	0.048
科技人员人均发明专利数（个）X25	-0.116	0.276	-0.037	-0.039	0.022	0.130
R&D 成果应用项目数（项）X26	-0.088	0.166	0.034	0.029	0.104	-0.073
当年硕博士毕业生数（人）X28	0.047	-0.125	0.166	-0.016	-0.064	-0.084
专利出售合同收入（万元）X29	-0.026	0.117	-0.026	0.251	0.037	0.084
单项专利出售平均金额（万元）X30	-0.006	-0.049	-0.004	0.406	-0.023	0.010
出售专利占授权专利的比重（%）X31	-0.098	0.123	-0.009	-0.062	0.541	-0.147
技术转让合同经费总额（万元）X32	0.135	0.091	-0.184	0.063	-0.030	-0.020
单笔合同平均技术转让经费（万元）X33	0.000	-0.067	-0.004	0.406	-0.018	0.009
科技服务项目经费（万元）X35	0.053	0.210	-0.144	-0.057	-0.071	-0.211

提取方法：主成分分析。

旋转法：具有 Kaiser 标准化的正交旋转法。

根据表 4.13 可写出以下大学科技创新力各主成分的线性组合表达式：

$$F1 = 0.168X1 + 0.081X2 + 0.122X3 + 0.202X5 +$$
$$0.203X6 - 0.058X8 - 0.048X9 - 0.044X10 -$$
$$0.086X11 + 0.106X12 + 0.029X13 -$$
$$0.001X14 + 0.064X15 - 0.171X17 +$$
$$0.074X18 + 0.231X19 + 0.019X20 +$$

$$0.065X21 - 0.085X22 - 0.100X23 -$$

$$0.015X24 - 0.116X25 - 0.088X26 +$$

$$0.047X28 - 0.026X29 - 0.006X30 -$$

$$0.098X31 + 0.135X32 + 0.053X35$$

$$F2 = -0.097X1 + 0.017X2 - 0.054X3 - 0.089X5$$

$$-0.074X6 + 0.002X8 - 0.009X9 - 0.029X10$$

$$-0.035X11 - 0.049X12 + 0.145X13 +$$

$$0.051X14 - 0.008X15 - 0.026X17 -$$

$$0.110X18 - 0.112X19 + 0.173X20 +$$

$$0.094X21 + 0.189X22 + 0.233X23 -$$

$$0.035X24 + 0.276X25 + 0.166X26 -$$

$$0.125X28 + 0.117X29 - 0.049X30 +$$

$$0.123X31 + 0.091X32 - 0.067X33 +$$

$$0.210X35$$

$$F3 = -0.049X1 + 0.003X2 - 0.002X3 - 0.085X5$$

$$-0.102X6 + 0.242X8 + 0.110X9 + 0.248X10$$

$$+0.282X11 + 0.037X12 - 0.038X13 -$$

$$0.015X14 + 0.060X15 + 0.360X17 -$$

$$0.121X19 - 0.108X20 - 0.038X21 +$$

$$0.093X22 + 0.076X23 + 0.009X24 -$$

$$0.037X25 + 0.034X26 + 0.166X28 -$$

$$0.026X29 - 0.004X30 - 0.009X31 -$$

$$0.184X32 - 0.004X33 - 0.144X35$$

$$F4 = -0.010X1 + 0.001X2 + 0.012X3 - 0.020X5$$
$$- 0.007X6 - 0.041X8 - 0.024X9 - 0.029X10$$
$$+ 0.017X11 - 0.017X12 + 0.001X13 +$$
$$0.015X14 + 0.026X17 - 0.030X18 -$$
$$0.011X19 + 0.025X20 + 0.033X21 -$$
$$0.072X22 - 0.037X23 + 0.050X24 -$$
$$0.039X25 + 0.029X26 - 0.016X28 +$$
$$0.251X29 + 0.406X30 - 0.062X31 +$$
$$0.063X32 + 0.406X33 - 0.057X35$$

$$F5 = -0.079X1 + 0.063X2 - 0.024X3 + 0.004X5$$
$$- 0.046X6 - 0.055X8 + 0.061X9 - 0.058X10$$
$$- 0.039X11 - 0.004X12 - 0.015X13 -$$
$$0.039X14 - 0.005X15 + 0.095X17 +$$
$$0.126X18 - 0.041X19 + 0.209X20 -$$
$$0.019X21 + 0.057X22 - 0.027X23 +$$
$$0.436X24 + 0.022X25 + 0.104X26 -$$
$$0.064x28 + 0.037X29 - 0.023X30 +$$
$$0.541X31 - 0.030X32 - 0.018X33 -$$
$$0.071X35$$

$$F6 = 0.106X1 + 0.061X2 - 0.244X3 - 0.089X5 +$$
$$0.019X6 - 0.119X8 + 0.067X9 - 0.008X10 +$$
$$0.257X11 + 0.060X12 + 0.022X13 +$$
$$0.436X14 + 0.083X15 + 0.088X17 +$$

$$0.307X18 + 0.012X19 - 0.374X20 +$$
$$0.033X21 - 0.07X22 + 0.023X23 + 0.048X24$$
$$+ 0.130X25 - 0.073X26 - 0.084X28 +$$
$$0.084X29 - 0.010X30 - 0.147X31 -$$
$$0.020X32 + 0.009X33 - 0.211X35$$

需注意以上的 X1，X2，X3，……，X35 为标准化后的数据，同时根据公因子方差、旋转后的因子负荷矩阵发现"国家级精品课程数 X4""国际科技合作基地和平台 X16"两项指标对主成分贡献率比较弱；针对"科研管理制度满意度 X7"这一用于科技人员主观评价的指标，以及"科技培训社会人次 X27""自办科技企业国有资产增值保值率 X34"三项指标暂时无法获取有效数据，故这五项指标不计入本次运算中去。若设 F 为大学科技创新能力综合指标得分，Fi（i = 1，2，3，4，5，6）的系数为各因子的信息贡献率（各因子的方差贡献率与 6 个主成分的累计贡献率的比值），则各大学的科技创新力综合测评的得分公式为：

$$F = 0.5572F1 + 0.1194F2 + 0.1111F3 + 0.0938F4 +$$
$$0.0655F5 + 0.0531F6$$

五 基于指标体系的大学科技创新力实证分析

本文选取《高等院校科技统计资料汇编》分列的64所教育部部属大学，其中理工类院校34所，综合类院校14所，医药类院校两所，师范类院校5所，农林类院校6所，其他类型院校3所（名单详见表5.1）。数据来源于2014、2015、2016年连续三年的《高等院校科技统计资料汇编》、《中国研究生教育及学科专业评价报告》，以及中国学位与研究生教育信息网、各高校官网、信息公开网。并对数据进行标准化处理后，依次计算各个大学在中国大学科技创新力指标体系下的2014—2016年数据的平均值，运用SPSS21.0软件中的主成分分析法功能，对中国高校科技创新能力的概况进行初步评价。

表 5.1 实证研究所选的样本大学名录

序号	学校	地区	类型	序号	学校	地区	类型
1	北京大学	京	综合	33	中国矿业大学	苏	理工
2	中国人民大学	京	文法	34	河海大学	苏	理工
3	清华大学	京	理工	35	江南大学	苏	综合
4	北京交通大学	京	理工	36	南京农业大学	苏	农林
5	北京科技大学	京	理工	37	中国药科大学	苏	医药
6	北京化工大学	京	理工	38	浙江大学	浙	综合
7	北京邮电大学	京	理工	39	合肥工业大学	徽	理工
8	中国农业大学	京	农林	40	厦门大学	闽	综合
9	北京林业大学	京	农林	41	山东大学	鲁	综合
10	北京中医药大学	京	医药	42	中国海洋大学	鲁	理工
11	北京师范大学	京	师范	43	中国石油大学	鲁	理工
12	中国传媒大学	京	艺体	44	武汉大学	鄂	综合
13	中国政法大学	京	文法	45	华中科技大学	鄂	理工
14	华北电力大学	京	理工	46	中国地质大学	鄂	理工
15	中国矿业大学（京）	京	理工	47	武汉理工大学	鄂	理工
16	中国石油大学（京）	京	理工	48	华中农业大学	鄂	农林
17	中国地质大学（京）	京	理工	49	华中师范大学	鄂	师范
18	南开大学	津	综合	50	湖南大学	湘	理工
19	天津大学	津	理工	51	中南大学	湘	理工
20	大连理工大学	辽	理工	52	中山大学	粤	综合
21	东北大学	辽	理工	53	华南理工大学	粤	理工
22	吉林大学	吉	综合	54	重庆大学	渝	理工
23	东北师范大学	吉	师范	55	西南大学	渝	综合
24	东北林业大学	黑	农林	56	四川大学	川	综合
25	复旦大学	沪	综合	57	西南交通大学	川	理工
26	同济大学	沪	理工	58	电子科技大学	川	理工
27	上海交通大学	沪	理工	59	西安交通大学	陕	理工
28	华东理工大学	沪	理工	60	西安电子科技大学	陕	理工
29	东华大学	沪	理工	61	长安大学	陕	理工
30	华东师范大学	沪	师范	62	西北农林科技大学	陕	农林
31	南京大学	苏	综合	63	陕西师范大学	陕	师范
32	东南大学	苏	理工	64	兰州大学	甘	综合

（一）64 所教育部直属高校的综合得分
排名及分析

将 2014—2016 年标准化后的三年平均数据代入大学科技创新力各主成分的线性组合表达式 F1—F6，可得出 64 所教育部部属大学在 6 个综合因子方面的得分并根据上面的各大学的科技创新力综合测评的得分公式：

$$F = 0.5572F1 + 0.1194F2 + 0.1111F3 + 0.0938F4 + 0.0655F5 + 0.0531F6$$

可得出中国 64 所直属大学的科技创新能力的综合得分的最终排名见表 5.2。

表 5.2　　　　大学科技创新力排名（2014—2016 年）

学校	F1	F2	F3	F4	F5	F6	F	排名
清华大学	3.5254	3.5036	-0.8631	0.4533	1.5362	-0.4094	2.4082	1
北京大学	2.5317	0.3699	-0.1123	-0.1545	0.7659	-0.5201	1.4504	2
上海交通大学	1.7948	0.6823	1.3352	-0.5741	1.6699	0.7052	1.3229	3
浙江大学	1.0014	1.6769	2.3407	1.3758	1.7870	0.3689	1.2840	4
复旦大学	1.8661	-0.5891	-0.5601	-0.3179	0.0387	-0.4954	0.8536	5
四川大学	1.4455	-0.5579	0.9505	0.3509	-0.4702	-1.3286	0.7760	6
南京大学	1.0856	0.0008	-0.7137	-0.2721	0.0747	0.5079	0.5320	7
华中科技大学	0.5959	0.2971	1.0754	-0.3633	0.1396	0.0008	0.4621	8
东南大学	0.5933	1.0289	-0.4706	0.1347	-0.0114	-0.2941	0.3974	9

续表

学校	F1	F2	F3	F4	F5	F6	F	排名
天津大学	0.2261	− 0.1487	0.6266	0.7530	0.0501	2.2503	0.3712	10
武汉大学	0.6717	− 0.0779	0.8372	− 0.1076	− 0.3831	− 1.0953	0.3647	11
中南大学	0.7006	0.1386	− 0.1190	0.2233	− 0.6294	− 0.2073	0.3624	12
西安交通大学	0.1651	− 0.0008	0.9186	− 0.0931	1.0252	0.3128	0.2690	13
东北大学	0.2049	0.7685	− 0.2249	0.6774	− 0.5239	0.6743	0.2460	14
西南大学	− 0.6878	− 0.8488	0.5530	7.0184	− 0.6371	0.8908	0.2407	15
西南交通大学	0.8196	− 1.3031	− 0.1402	− 0.2969	− 1.3306	0.8089	0.2135	16
大连理工大学	0.0127	1.0247	0.4372	− 0.0659	− 0.0641	0.5875	0.1988	17
同济大学	0.2243	− 0.3080	0.9441	− 0.5010	0.0632	0.1757	0.1596	18
华南理工大学	− 0.1240	− 0.2912	0.9397	− 0.2901	0.9623	0.4427	0.0598	19
厦门大学	0.2230	− 0.3929	− 0.0404	− 0.2687	0.0076	0.1718	0.0573	20
吉林大学	− 0.4330	− 0.5779	3.5867	− 0.6243	− 0.2309	− 0.2172	0.0030	21
中山大学	− 0.1511	− 0.1305	1.4106	− 0.3824	− 0.0559	− 0.3000	0.0015	22
河海大学	0.1797	0.1202	− 0.3453	− 0.3701	− 0.5782	− 0.3372	− 0.0144	23
中国海洋大学	0.4487	− 0.6895	− 0.9276	− 0.2228	− 1.0045	0.0444	− 0.0197	24
南开大学	0.0017	0.0298	− 0.4879	− 0.4203	1.3013	− 1.0250	− 0.0583	25
山东大学	− 0.7152	− 0.2470	2.5073	− 0.4511	1.1471	0.8282	− 0.0726	26
中国农业大学	− 0.4806	− 0.0641	1.0097	− 0.3480	0.2731	1.6551	− 0.0901	27
中国矿业大学	− 0.3072	0.5935	− 0.4692	0.8785	0.0832	− 0.8285	− 0.1084	28
中国矿业大学（京）	0.3024	− 0.3588	− 1.2435	− 0.2057	− 1.2228	− 0.3197	− 0.1304	29
重庆大学	− 0.4450	− 0.0940	0.5323	− 0.3247	1.0984	0.4201	− 0.1362	30
华东理工大学	− 0.1702	0.2779	− 0.5956	0.1071	− 0.0283	− 0.2682	− 0.1339	31
电子科技大学	− 0.6287	0.6912	− 0.0516	0.3556	0.5734	0.9909	− 0.1500	32
北京师范大学	− 0.1125	− 0.2427	− 0.3925	0.0068	− 0.4356	0.1555	− 0.1549	33
华中农业大学	− 0.1867	− 0.3991	− 0.3259	− 0.1844	0.1759	0.7416	− 0.1543	34
南京农业大学	− 0.4830	− 0.2534	0.4423	− 0.1920	0.8119	0.6914	− 0.1784	35
华东师范大学	− 0.1081	− 0.6058	− 0.3698	− 0.2447	− 0.1509	0.3653	− 0.1871	36
湖南大学	− 0.3129	0.7048	− 0.4556	− 0.4783	− 0.0886	− 0.3265	− 0.2008	37
北京化工大学	− 0.3989	0.2118	− 0.6772	− 0.0473	− 0.1758	0.9628	− 0.2371	38
北京科技大学	− 0.6099	0.5105	0.3711	− 0.3036	0.0603	0.7225	− 0.2238	39

续表

学校	F1	F2	F3	F4	F5	F6	F	排名
武汉理工大学	-0.3933	0.4839	-0.1966	-0.1997	-0.1341	-0.8542	-0.2561	40
长安大学	-0.1211	0.7897	-1.2128	-0.3058	-0.5999	-1.5256	-0.2569	41
北京交通大学	-0.7859	-0.2977	1.2983	-0.3580	-0.3856	2.0846	-0.2774	42
中国石油大学（京）	-0.6517	0.4872	-0.2627	-0.2101	-0.4338	1.2515	-0.3158	43
北京邮电大学	-0.3864	-0.0201	-0.4920	-0.2350	-0.3722	-0.0393	-0.3209	44
西北农林科技大学	-0.4390	-0.7806	0.5932	-0.3405	-0.7178	0.4240	-0.3283	45
东北林业大学	-0.2256	-0.7607	-0.3834	0.0976	-0.9142	-0.5367	-0.3384	46
江南大学	-0.9935	1.1704	-0.2054	0.0150	2.0658	-0.7618	-0.3404	47
兰州大学	-0.1780	-0.6790	-0.5781	-0.3145	-0.3975	-0.8955	-0.3476	48
西安电子科技大学	-0.6194	-0.2042	0.2456	-0.3122	-0.3823	0.8452	-0.3517	49
中国药科大学	-0.5606	-0.2273	-0.8884	1.0898	-0.2524	-0.2843	-0.3676	50
中国地质大学（京）	-0.4232	-0.4008	-0.6265	-0.2313	0.0556	-0.0827	-0.3757	51
合肥工业大学	-0.6150	-0.0819	-0.2140	-0.1629	-0.0313	0.1565	-0.3853	52
中国地质大学	-0.3401	-0.3982	-0.5122	-0.2861	-0.7779	-0.4021	-0.3931	53
东华大学	-0.5713	0.2108	-0.7901	-0.0552	0.3816	-0.7425	-0.4005	54
北京林业大学	-0.4163	-0.3121	-0.7235	-0.2842	-0.0063	-0.5308	-0.4049	55
陕西师范大学	-0.3592	-0.7123	-0.4889	-0.0008	-0.6675	-0.5121	-0.4105	56
中国石油大学	-0.7468	-0.4621	0.6015	-0.1208	0.0204	-0.0302	-0.4161	57
东北师范大学	-0.3282	-0.5543	-0.6506	-0.2327	-0.7548	-0.4761	-0.4179	58
华中师范大学	-0.5657	-0.2251	-0.5213	-0.2981	0.0960	-0.3447	-0.4400	59
华北电力大学	-0.6600	-0.3939	-0.0524	-0.1457	-0.3715	-0.1099	-0.4645	60
中国人民大学	-0.3704	-0.1610	-1.4507	-0.2851	-0.3662	-0.5296	-0.4656	61
北京中医药大学	-0.9390	1.1676	-1.1774	-0.7303	2.0392	-0.5807	-0.4804	62
中国政法大学	-0.1856	-1.3631	-1.3210	-0.0854	-1.4195	-0.9221	-0.5629	63
中国传媒大学	-0.3898	-0.7246	-1.2224	-0.2388	-1.2972	-0.7903	-0.5889	64

　　对比各大学科技创新力 F 的数值进行描述性统计分析可得：

表5.3　　　　　　　　大学科技创新能力 F 得分的描述性分析

描述统计量

	N	极小值	极大值	均值	标准差	中位数
F	64	− 0. 5889	2. 4082	0. 001192	0. 5389318	− 0. 152150
有效的 N（列表状态）	64					

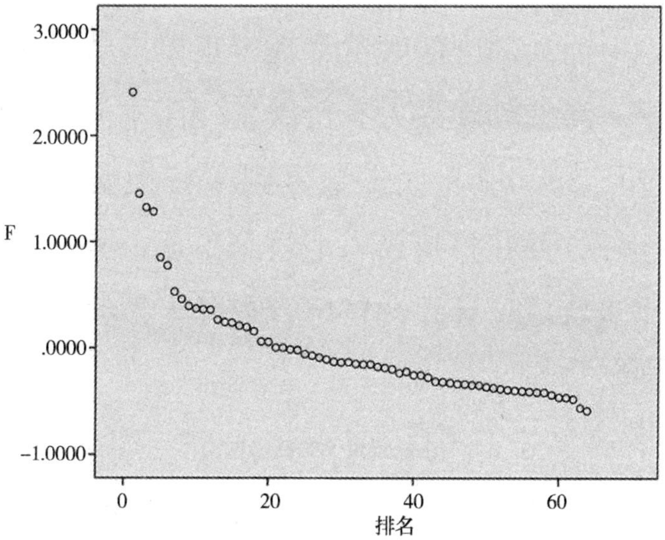

图5.1　大学科技创新能力 F 的得分散点图

　　对上表列选的 64 所部属大学的科技创新力 F 的得分结果进行描述性统计可知，极差为2. 9971，标准差约为0. 5389，大学间的差异较大，中位数为 − 0. 15215，由散点分布图可知，大学科技创新力得分 F > 1 的处于高层次的大学只有清华大学、北京大学、上海交通大学、浙江大学4所，且分差较大；而大部分的大学科技创新力得分 F 聚集于平均分 0.0012 左右，但中位数为 -0.152150，其中大学科技创新力得分 F 在 [-0.5，0.5] 的大学共有 55 所，且分差很小；总体呈现出一种两头小，中间大的分布形态。由此可见，在 64 所大学中在科技创新方面，作为中国最顶尖的几所大学，集聚了强大的科技创新资源，营造了良好的科技创新环境，在科技成果产出和转化方面遥遥领先于其他重点大学。而大部分的大学呈现出集聚态势，处于一个中等水平，科技创新潜力有待激发，而排名较为靠后的若干大学（F < 0.5）大多数受到学校类型和所在地域的限制，一方面在科技投入上较为匮乏，另一方面成果产出效率也较低，导致高校综合得分 F 值比较低。

表 5.4　　　　　　　　六个主成分因子的描述性统计

描述统计量

	N	极小值	极大值	均值	标准差	中位值
F1	64	-0.9935	3.5254	0.000005	0.8262326	-0.266400
F2	64	-1.3631	3.5036	0.000006	0.7465161	-0.154850
F3	64	-1.4507	3.5867	0.000006	0.9570803	-0.243800
F4	64	-0.7303	7.0184	-0.000014	0.9715254	-0.227050
F5	64	-1.4195	2.0658	0.000005	0.7905410	-0.060000
F6	64	-1.5256	2.2503	0.020523	0.7679281	-0.096300
F	64	-0.5889	2.4082	0.001192	0.5389318	-0.152150
有效的 N（列表状态）	64					

再对比各个大学的 F1—F6 六个主成分因子依次进行描述性分析可得 F1、F2、F3、F4、F5、F6 与总值 F 一样，总体上呈现出两头小，中间大的分布态势，且极差 R 约在 ［3.0—7.7］，显现出所选样本大学之间的存在较大的差距。其中 F4 的极差最大，约为 7.75。经分析原始数据可得原因主要是由专利出售合同收入/万元（极差为 12995.0，均值为 1800.68）、单项专利出售平均金额/万元（极差为 3566.183，均值为 261.8668）和单笔合同平均技术转让经费/万元（极差为 2617.56，均值为 109.4589）三个因素在各个学校分布不平衡所致，显示出了 64 所大学相对指标上的差异，也在一定程度上暗示了高校间知识产权创造能力上的差异。其次，极差较大的还有 F2 约为 5.05。经分析原始数据可得原因主要是科技活动人员总数/人（极差为 9582.67，均值为 2385.5782）、全校教学科技人员的全时当量（极差为 4683.33，均值为 869.5313）、在读研究生/人（极差为 13972.67，均值为 4120.8436）当年硕博士毕业数/人（极差为 7557.33，均值为 3156.4641）的差异所引起的，体现了大学间科技创新在投入方面的不均衡。

（二）不同类型高校的 F 值
得分及分析

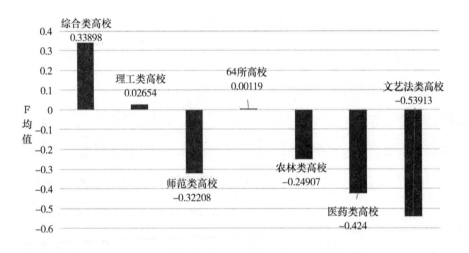

图 5.2　不同类型大学的 F 值平均得分

　　如图 5.2 所示，将 64 所所选样本大学按照类型分为 6 类，并依次计算各种类型大学的科技创新力 F 得分的平均值 0.00119 可以发现呈现出较大差异，同时不同类型学校间的科技创新能力也呈现出巨大差距，总体来说综合类与理工类大学表现较优。其中综合类大学（$\overline{F}$综合 $= 0.33898$）得分普遍较高，理工类大学（$\overline{F}$理工 $= 0.02654$）位列其次，农林类大学（$\overline{F}$农林 $= -0.24907$）紧随其后，而师范类大学（$\overline{F}$师范 $= -0.32208$）、医药类大学（$\overline{F}$医药 $= -0.424$）与文艺法类的三类大学较为落后（$\overline{F}$文艺法 $= -0.53913$）。

究其原因，综合类大学拥有较为完善的学科设置更能适应知识经济时代科技发展学科交叉的需求，同时所选样本中 14 所综合院校中有着北京大学、浙江大学、复旦大学这样"航母级"的国际名校，本身就拥有着全国最优秀的生源和最顶尖的师资队伍和创新团队，科技平台、资金投入也遥遥领先于其他院校，对同类型的其他大学起到很强的拉动作用，故而整个综合类型的大学科技创新力 F 平均得分较高。而理工类大学往往拥有着覆盖科技前沿的优势学科从而对社会和经济发展具有很强的推动作用，集聚着国家重点实验室、国家工程技术中心等优势科研平台，在科技成果的推广和转化中与公共基础建设工程和企业发展需求有着更好的联系，因而理工类大学的科技创新力优势比较突出。相比之下，农林和医药类大学学科设置较少，科技创新领域覆盖范围较窄，产品研发、转化周期较长和科技投入产出率的显现具有时滞性等原因导致科技创新水平偏低。而文艺法类大学因自身发展定位和学科设置偏向，在科技创新方面表现不佳也尚可理解。

（三）主因子 F1 高校科技创新表现因子

表 5.5　　　　　　F1 高校科技创新表现因子得分排名

学校	F1 得分	排名	学校	F1 得分	排名
清华大学	3.524	1	中国矿业大学	−0.3072	33
北京大学	2.5317	2	湖南大学	−0.3129	34
复旦大学	1.8661	3	东北师范大学	−0.3282	35
上海交通大学	1.7948	4	中国地质大学	−0.3401	36
四川大学	1.4455	5	陕西师范大学	−0.3592	37
南京大学	1.0856	6	中国人民大学	−0.3704	38
浙江大学	1.0014	7	北京邮电大学	−0.3864	39
西南交通大学	0.8196	8	中国传媒大学	−0.3898	40
中南大学	0.7006	9	武汉理工大学	−0.3933	41
武汉大学	0.6717	10	北京化工大学	−0.3989	42
华中科技大学	0.5959	11	北京林业大学	−0.4163	43
东南大学	0.5933	12	中国地质大学（京）	−0.4232	44
中国海洋大学	0.4487	13	吉林大学	−0.4330	45
中国矿业大学（京）	0.3024	14	西北农林科技大学	−0.4390	46
天津大学	0.2261	15	重庆大学	−0.4450	47
同济大学	0.2243	16	中国农业大学	−0.4806	48
厦门大学	0.2230	17	南京农业大学	−0.4830	49
东北大学	0.2049	18	中国药科大学	−0.5606	50
河海大学	0.1797	19	华中师范大学	−0.5657	51
西安交通大学	0.1651	20	东华大学	−0.5713	52
大连理工大学	0.0127	21	北京科技大学	−0.6099	53
南开大学	0.0017	22	合肥工业大学	−0.6150	54
华东师范大学	−0.1081	23	西安电子科技大学	−0.6194	55
北京师范大学	−0.1125	24	电子科技大学	−0.6287	56

续表

学校	F1 得分	排名	学校	F1 得分	排名
长安大学	-0.1211	25	中国石油大学（京）	-0.6517	57
华南理工大学	-0.1240	26	华北电力大学	-0.6600	58
中山大学	-0.1511	27	西南大学	-0.6878	59
华东理工大学	-0.1702	28	山东大学	-0.7152	60
兰州大学	-0.1780	29	中国石油大学	-0.7468	61
中国政法大学	-0.1856	30	北京交通大学	-0.7859	62
华中农业大学	-0.1867	31	北京中医药大学	-0.9390	63
东北林业大学	-0.2256	32	江南大学	-0.9935	64

表5.6 64 所大学主因子 F1 得分的统计

描述统计量

	N	极小值	极大值	均值	标准差	中位数
F1	64	-0.9935	3.5254	0.000005	0.8262326	-0.266400
有效的 N（列表状态）	64					

主因子 F1 主要反映的是 64 所教育部直属高校的各大学"国际会议主办次数""博士点数量""国家级重点学科""国家级科技研究机构数""国家级教学成果奖""政府拨入科技经费数"等指标情况，更多的是凸显当前大学科技创新能力现状，即大学在科技创新力上的表现如何。分析表5.5 与表5.6 的数据，64 所教育部直属高校 F1 值平均分为 0.000005，中位数为 -0.26640，F1 最大值为 3.5254，是清华大学，最小值 -0.9935，是江南大学，两者的差距达到 4.51，表

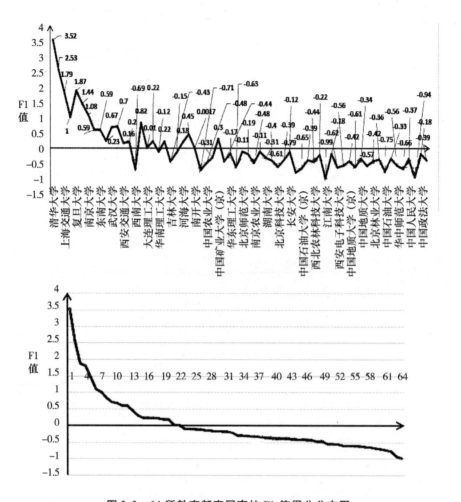

图5.3　64所教育部直属高校F1值得分分布图

明我国高校科技创新力表现方面存在较大差距，高校
科技创新现状的不平衡体现了不同高校间科技创新能
力的强弱。首先，分析图5.3〔注图5.3中的上图横
坐标高校顺序是按照F值高低排列的，简称图5.3
（上）；下图横坐标是按照F1值高低来排列的，简称
图5.3（下）〕，从图5.3（下）总体来看，数据分布
呈现极降—快降—缓降—快降四种趋势，具体来看，

清华大学（3.5254）、北京大学（2.5317）、复旦大学（1.8661）、上海交通大学（1.7948）、四川大学（1.4455），就科技创新能力表现方面居于64所高校前五名，但这五所大学间仍存在巨大差异，清华大学与北京大学居于领先地位，尤其是清华大学居于绝对领先位置，约是后三者的两倍，复旦大学、上海交通大学、四川大学三所高校较接近，因此可以大致将64所高校科技创新资源能力按强弱分为五类"集团"，第一集团清华、北大；第二集团复旦大学、上海交通大学、四川大学3所高校；第三集团南京大学、浙江大学、西南交通大学、武汉大学等9所大学；第四集团天津大学、厦门大学、同济大学等44所大学；第五集团山东大学、中国石油大学、江南大学6所高校。目前我国高校科技创新发现现状呈少数巨无霸高校、大多数高校资源较均衡特点，这与过去"985"、"211"两大重点工程集中资源重点扶持政策有关。其次，观察图5.3（上）与图5.3（下）发现F值得分高即科技创新力强的高校并不意味着科技创新发展现状较好，两者并不成绝对的正比关系，也就是说高校要明确自身在科技创新力上的具体表现与发展现状，找出存在的问题与优势，统筹配置资源，提高其科技创新能力。

表 5.7   不同类型高校的主因子 F1 得分的统计分析

统计量

		综合类高校 F1	理工类高校 F1	师范类高校 F1	农林类高校 F1	医药类高校 F1	文艺法类 F1
N	有效	14	34	5	6	2	3
	缺失	50	30	59	58	62	61
均值		0.404864	0.014191	− 0.294740	− 0.371867	− 0.749800	− 0.315267
中值		0.112350	− 0.238700	− 0.328200	− 0.427650	− 0.749800	− 0.370400
标准差		1.0591129	0.8367841	0.1915332	0.1314043	0.2675692	0.1127128
极小值		− 0.9935	− 0.7859	− 0.5657	− 0.4830	− 0.9390	− 0.3898
极大值		2.5317	3.5254	− 0.1081	− 0.1867	− 0.5606	− 0.1856

表 5.7 是不同类型高校主因子 F1 的值，首先，纵向来看，综合类高校样本量 14 个，F1 的平均值是 0.404864，中值是 0.112350，标准差约为 1.05911，最大值 2.5371，北京大学，最小值 − 0.9935，江南大学，极差约为 3.52，说明综合类高校当前的可创新发展先转较好，包括学科基础、平台、经费与人才等基础较扎实，但高校科技创新力现状的差距比较大，发展不均衡。理工类高校样本量 34 个，F1 平均值 0.14191，中值 − 0.23870，标准差 0.8368 左右，最小值 − 0.7859，北京交通大学，最大值 3.5254，清华大学，两者极差约为 4.30，平均值与中值间相差 0.38061，说明理工类高校在科技创新力表现上相对较差，发展现状在高校间的也呈不平衡状态，部分高校的科技创新力表现较优。师范类高校

F1 平均值 -0.294740，中值 -0.32820，标准差约为 0.1915332，最大值 -0.1081，华东师范大学，最小值 -0.5657，华中师范大学，极差为 0.4576，标准差与极差相对较小，表明师范类高校间科技创新发展力现状比较均衡，不同学校间差距不大。农林类高校 F1 平均值 -0.371867，中值 -0.42765，两者相差 0.05578，标准差为 0.1314，最大值 -0.1867，华中农业大学，最小值 -0.4830，南京农业大学，两者相差 0.2963，农林类高校科技创新力表现上普遍比较差，但发展较平均，医药类高校与文艺法类高校也体现同样特征。横向来看这六类高校的科技创新资源量，科技创新表现力在综合类高校间与理工类高校间分配的不均衡程度明显大于师范类高校、农林类高校、医药类高校、文艺法类高校内部间的分配，且存在少数综合类高校与理工类高校的创新力表现得分上居高，"两头小、中间大"的资源分配格局较明显。

图 5.4 是根据不同类型高校的 F1 值绘制的，分析图可得出，首先，六类高校的 F1 值总体上均呈下降趋势，但具体下降趋势上又存在差异，综合类高校 F1 值体现"快降—缓降—快降"三段特点，理工类高校呈现"极降—缓降"两种趋势，而师范类高校 F1 值、农林类高校 F1 值、医药类高校 F1 值、文艺法类高校 F1 值均呈缓降趋势，表明综合类高校与理工类高校间科

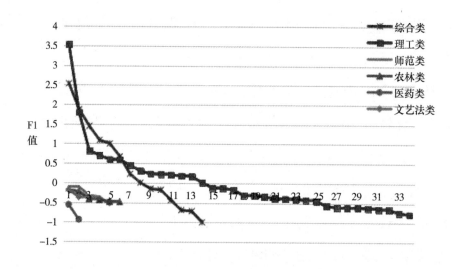

图 5.4 不同类型的大学 F1 值

技创新力发展现状差异较大，存在少数高校创新力表现突出的特征。其次，根据图 5.4 可以将综合类高校与理工类高校 F1 值的趋势线分别划为三个阶段，即一阶段：理工类高校前 1—3 名与综合类高校 F1 值的前 1—5 名；二阶段的综合类高校 6—10 名，理工类高校 4—17 名；三阶段的综合类高校 11—14 名，理工类高校 18—34 名，发现理工类高校与综合类高校的 F1 值存在一种相互交叉的情况。一阶段的理工类高校 F1 值处于综合类高校 F1 值的上方，表明该阶段的综合类高校的科技创新力的表现要稍弱于理工类高校；二阶段两类高校开始出现第一次交叉，综合类高校趋势线居于理工类高校的右上方，表明该阶段综合类高校创新科技创新力发展现状要优于理工类高校；三阶段两类高校出现第二次交叉，综合类高校趋势线居于理工类高校左下方，表明该阶段的理工类高校科技创新力的发展现状超过并优于综合类高校。同时从理工类高校与综合类高校 F1 值的趋势图可看出综合类高校内部间的科技创新力表现的差异大于理工类高校内部，即综合类高校间的创新发展现状相对于理工类高校内部间更加趋于不平衡化，要注意优化综合类高校间科技创新发展的合理性与均衡化。最后，看六类高校的 F1 值趋势图，从左下方开始到右上方分别是医药类高校、农林类高校、文艺法类高校、师范类高校、理工类高校、综合类高校，越往右上方 F1 值越大，即科技创新力上的表现越优秀，其中文艺法类、农林类、师范类三类高校的 F1 值的趋势线基本处于一种重叠状态，说明该三类高校在科技创新发展现状上属于同一个层次，且同类型高校间的差异较小，但综合类高校和理工类高校与医药类高校、文艺法类高校、农林类高校、师范类高校间出现"鸿沟"或"断层"，说明前两类高校当前的科技创新能力的整体表现明显强于后四类高校，不同类型的高校间科技创新力现状的不平衡一定程度上制约了高校间科技创新能力发展的不充分，应注重通过资源的合理性、有效性配置来保证各类型高校间以及同类型高校间的不同高校的科技创新能力的平衡、充分发展，缩小不同类型高校间、同类高校间不同高校的科技创新力的差距，避免出现高校发展过程中的"两极分化"现象。

（四）主因子 F2 高校科技创新产出因子

表5.8　　　　　　　　F2 高校科技创新产出因子得分排名

学校	F3 得分	排名	学校	F3 得分	排名
清华大学	3.5036	1	中国人民大学	−0.1610	33
江南大学	1.1704	2	西安电子科技大学	−0.2042	34
北京中医药大学	1.1676	3	华中师范大学	−0.2251	35
浙江大学	1.6769	4	中国药科大学	−0.2273	36
东南大学	1.0289	5	北京师范大学	−0.2427	37
大连理工大学	1.0247	6	山东大学	−0.2470	38
长安大学	0.7897	7	南京农业大学	−0.2534	39
东北大学	0.7685	8	华南理工大学	−0.2912	40
湖南大学	0.7048	9	北京交通大学	−0.2977	41
电子科技大学	0.6912	10	同济大学	−0.3080	42
上海交通大学	0.6823	11	北京林业大学	−0.3121	43
中国矿业大学	0.5935	12	中国矿业大学（京）	−0.3588	44
北京科技大学	0.5105	13	厦门大学	−0.3929	45
中国石油大学（京）	0.4872	14	华北电力大学	−0.3939	46
武汉理工大学	0.4839	15	中国地质大学	−0.3982	47
北京大学	0.3699	16	华中农业大学	−0.3991	48
华中科技大学	0.2971	17	中国地质大学（京）	−0.4008	49
华东理工大学	0.2779	18	中国石油大学	−0.4621	50
北京化工大学	0.2118	19	东北师范大学	−0.5543	51
东华大学	0.2108	20	四川大学	−0.5579	52
中南大学	0.1386	21	吉林大学	−0.5779	53

续表

学校	F3 得分	排名	学校	F3 得分	排名
河海大学	0.1202	22	复旦大学	−0.5891	54
南开大学	0.0298	23	华东师范大学	−0.6058	55
南京大学	0.0008	24	兰州大学	−0.6790	56
西安交通大学	−0.0008	25	中国海洋大学	−0.6895	57
北京邮电大学	−0.0201	26	陕西师范大学	−0.7123	58
中国农业大学	−0.0641	27	东北林业大学	−0.7607	59
武汉大学	−0.0779	28	中国传媒大学	−0.7246	60
合肥工业大学	−0.0819	29	西北农林科技大学	−0.7806	61
重庆大学	−0.0940	30	西南大学	−0.8488	62
中山大学	−0.1305	31	西南交通大学	−1.3031	63
天津大学	−0.1487	32	中国政法大学	−1.3631	64

表5.9 　　　　　64 所教育部直属大学的 F2 值的描述性统计分析

描述统计量

	N	极小值	极大值	均值	标准差	中位数
F2	64	−1.3631	3.5036	0.000006	0.7465161	−0.154850
有效的 N（列表状态）	64					

主因子 F2 主要反映了各大学在专利方面的成果和科技服务项目、R&D 成果应用数、科技成果奖励数、授权专利数、科技服务项目经费等，主要涉及了在科技创新的产出方面，突出的是高校科技创新产出能力。分析表5.8 与表5.9 的数据，64 所教育部直属高校 F2 值平均分为 0.000006，中位数为 −0.154850，标准差

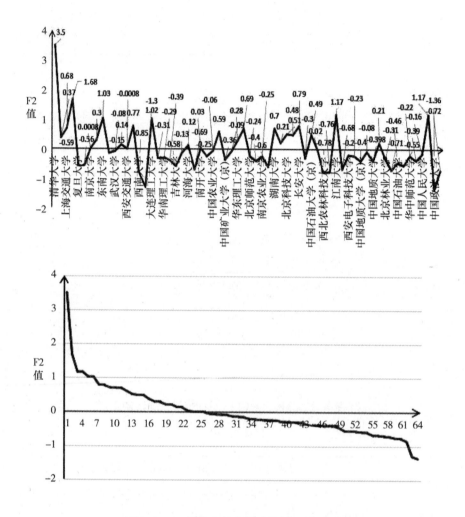

图 5.5 64 所教育部直属高校的 F2 得分图

为 0.7465，各高校间的科技创新产出离散程度较大，表明我国高校科技创新力的产出方面存在较大差距，创新产出高低也体现了各高校科技创新能力的强弱。首先，分析图 5.5 [注图 5.5 中的上图横坐标高校顺序是按照 F 值高低排列的，简称图 5.7（上）；下图横坐标是按照 F2 值高低来排列的，简称图 5.5（下）]。

从图 5.5（上）总体来看，呈一种"波浪纹"形，最高点达到 3.5036，最低点为 -1.3631，表明各高校间在科技方面的创新产出存在差异，多数高校的产出率较低，各高校应提高投入—产出率。图 5.5（下）来看，数据分布呈现"极降—快降—缓降"趋势，具体来看，清华大学（3.5036）、江南大学（1.1704）北京中医药大学（1.1676）、浙江大学（1.6769），以及东南大学、大连理工大学等居于 64 所教育部直属高校的科技创新产出的前列，根据 F2 值数据趋势图可以将 64 所高校分为两段，F2 值超过 0.9 以上的高校有 6 所，0—0.9 之间的有 18 所，0 以下的有 40 所，大部分高校的 F2 值位于区间 [1，-1] 间，表明我国高校的科技创新力产出率普遍较低。

表 5.10　　　　不同类型高校的主因子 F2 得分的统计分析

统计量

		综合类高校 F2	理工类高校 F2	师范类高校 F2	农林类高校 F2	医药类高校 F2	文艺法类 F2
N	有效	14	34	5	6	2	3
	缺失	50	30	59	58	62	61
均值		-0.060943	0.208006	-0.468040	-0.428333	0.470150	-0.749567
中值		-0.188750	0.129400	-0.554300	-0.355600	0.470150	-0.724600
标准差		0.7168193	0.7838915	0.2212914	0.2871208	0.9863432	0.6014388
极小值		-0.8488	-1.3031	-0.7123	-0.7806	-0.2273	-1.3631
极大值		1.6769	3.5036	-0.2251	-0.0641	1.1676	-0.1610

表 5.10 是不同类型高校主因子 F2 的值，首先，纵向来看，综合类高校样本量 14 个，F2 的平均值是 - 0.060943，中值是 - 0.18875，标准差为 0.71682，说明数据间的离散程度较大，意味着综合类高校内部在创新产出能力上存在明显差异，不同学校间的差距较大，创新产出不均衡，如相较于清华大学，北京大学 F2 得分为 0.3699，表明北京大学科技创新产出相对较少，其科研效率较低，这与北京大学科研规模较大，科研效率较低，规模庞大的科技活动人员稀释了其科研产出，"重投入、轻产出，重规模、轻效益"研究结论相一致。[①] 理工类高校样本量 34 个，F2 平均值 0.208006，中值 0.12940，标准差 0.7839 左右，最小值 - 1.3031，西南交通大学最大值 3.5036 与清华大学两者极差为 4.8067，平均值与中值间相差约 0.0786，说明理工类高校科技创新产出率较高，但科技创新产出量在高校间也呈不平衡状态，部分高校科技创新产出率较为突出。师范类高校 F2 平均值 - 0.46804，中值 - 0.55430，标准差约为 0.22129，最大值 - 0.2251，华中师范大学，最小值 - 0.7123，陕西师范大学，极差为 0.4872，标准差相对较小，表明师范类高校间科技创新产出比较均衡，不同学校间差距不大。农林类高

---

① 刘勇：《高校科技创新效益的政策研究——基于 2000—2009 年北京地区五所部属高校的数据分析》，《教育科学研究》2011 年第 12 期。

校 F2 平均值 - 0.42833，中值 - 0.35560，两者相差 0.07273，标准差约为 0.28712，最大值 - 0.0641，中国农业大学最小值 - 0.7806，西北农林科技大学，两者相差 0.7165，虽然农林类高校科技创新方面的知识产出能力存在极大值与极小值，但标准差相对较小，说明数据间的离散程度较小，意味着农林类高校间的科技产出能力差异较小。医药类高校平均值和中值相等均为 0.47015，标准差约为 0.98634，最小值 - 0.2273，中国药科大学最大值 1.1676，北京中医药大学创新产出差距较大，但由于只有两所高校，因此，两者的科技创新能力基本相当。文艺法类高校也体现同样特征，只是不同高校间的创新产出方面的差异小于医药类高校。横向来看这六类高校的科技创新方面的产出能力，发现其在综合类高校间与理工类高校间分配的不均衡程度明显大于师范类高校、农林类高校、医药类高校、文艺法类高校内部间的分配，可能与前两类高校样本量明显多于后四类高校的样本量，但确实存在少数综合类高校与理工类高校的高科技创新产出能力，形成"金字塔"形格局。

图 5.6 展示的是不同类型高校的 F2 值的数据趋势，观察图 5.6 可知，首先，六类高校的 F2 值总体上均呈下降趋势，但具体下降趋势上又存在差异，综合类高校的 F2 值呈现出"快降—缓降—快降"趋势，理

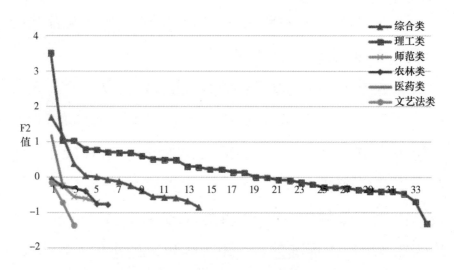

图 5.6　不同类型高校的 F2 值分布图

工类高校的 F2 值表现为"极降—缓降—极降"特点，而师范类高校 F2 值与农林类高校 F2 值均呈"缓降"，医药类高校 F2 值与文艺法类高校 F2 值呈极降趋势，表明医药类高校与文艺法类高校间科技创新能力方面差距较大，而综合类高校与理工类高校内部存在少数高校科技创新产出高与多数高校相对低创新产出的现象。其次，根据图 5.6 中综合类高校与理工类高校 F2 值的趋势，发现理工类高校 F2 的整体趋势线（不包括第一所与最后一所高校）比综合类高校的更加平滑，综合类高校 F2 的得分趋势线坡度更加陡，也进一步证实在科技创新的产出能力上，理工类高校内部间的差距要小于综合类高校内部间；同时理工类高校 F2 的数据线基本完全位于综合类高校的右上方，即理工类高校的科技创新能力要高于综合类高校，且两者差距呈渐渐扩大的趋势，这可能与理工类高校与综合类高校的学科属性特点有关，综合类高校总体上是偏文属性，而文科在科技创新如专利方面的成果和科技服务项目、R&D 成果应用数、科技成果奖励数上要弱于理工类高校，偏文属性的综合类高校可能在管理学、经济学、哲学等人文社科类学科上更有优势，但其知识产出周期一般比较长且直接转化为成果难度较大。最后，看六类高校的 F2 趋势图，从左下方开始到右上方分别是文艺法类高校、师范类高校、农林类高校、医药类高校、综合类高校、理工类高校，越往右上方表示 F2 值越大，即科技创新方面的能力更强，其中农林类高校、师范类高校的科技创新能力基本相当，均处于一个较低水平但同类型的不同高校间的知识创新能力差异不大，而文艺法类高校不仅科技创新产出地且高校间的差异较大，应注重提高该三类高校的科技创新能力；综合类高校间的科技创新产出率差异较大，理工类高校间的科技创新产出整体差异较小，但高校间出现严重的"断层"现象，即存在少数"巨无霸"与"侏儒型"高校，因此，针对综合类与理工类高校，要在提高知识创新产出的同时更加警惕严重的"两极分化"趋向。总之，中国高校知识创新产出能力较弱，在知识创新体系中的重要性尚未体现，高校具备的创造知识的作用未充分发挥。[①] 也证实了本研究中中国高校知识创新产出普遍较低，知识创新主要通过科学研究，如基础研究、应用研究、综合研究等来获得基础科学和技术科学知识的过程，不同类型高校选择知识创新的途径不同，明确基础研究相对于应用研究来说，其知识创新周期更长、成果转化难度更大等特点，要根据固有的学科基础与优势、所处的经济社会发展现状、行业企业发展特点等综合考虑，谨防"偏文"属性高校，如师范类、文艺法类等不顾自身的实际条件而盲目追求如技术发明专利、R&D 成果应用等项目上的创新。

（五）主因子 F3 高校科技
创新投入因子

表 5.11　　　　　　　F3 高校科技创新投入因子得分排名

学校	F2 得分	排名	学校	F2 得分	排名
吉林大学	3.5867	1	中国石油大学（京）	−0.2627	33
山东大学	2.5073	2	华中农业大学	−0.3259	34
浙江大学	2.3407	3	河海大学	−0.3453	35
中山大学	1.4106	4	华东师范大学	−0.3698	36

---

① 游小珺、杜德斌等：《高校在国家知识创新体系中的作用评价——基于部分创新型国家和中国的比较研究》，《科学学与技术管理研究》2014 年第 7 期。

续表

学校	F2 得分	排名	学校	F2 得分	排名
上海交通大学	1.3352	5	东北林业大学	−0.3834	37
北京交通大学	1.2983	6	北京师范大学	−0.3925	38
华中科技大学	1.0754	7	湖南大学	−0.4556	39
中国农业大学	1.0097	8	中国矿业大学	−0.4692	40
四川大学	0.9505	9	东南大学	−0.4706	41
同济大学	0.9441	10	南开大学	−0.4879	42
华南理工大学	0.9397	11	陕西师范大学	−0.4889	43
西安交通大学	0.9186	12	北京邮电大学	−0.4920	44
武汉大学	0.8372	13	中国地质大学	−0.5122	45
天津大学	0.6266	14	华中师范大学	−0.5213	46
中国石油大学	0.6015	15	复旦大学	−0.5601	47
西北农林科技大学	0.5932	16	兰州大学	−0.5781	48
西南大学	0.5530	17	华东理工大学	−0.5956	49
重庆大学	0.5323	18	中国地质大学（京）	−0.6265	50
南京农业大学	0.4423	19	东北师范大学	−0.6506	51
大连理工大学	0.4372	20	北京化工大学	−0.6772	52
北京科技大学	0.3711	21	南京大学	−0.7137	53
西安电子科技大学	0.2456	22	北京林业大学	−0.7235	54
厦门大学	−0.0404	23	东华大学	−0.7901	55
电子科技大学	−0.0516	24	清华大学	−0.8631	56
华北电力大学	−0.0524	25	中国药科大学	−0.8884	57
北京大学	−0.1123	26	中国海洋大学	−0.9276	58
中南大学	−0.1190	27	北京中医药大学	−1.1774	59
西南交通大学	−0.1402	28	长安大学	−1.2128	60
武汉理工大学	−0.1966	29	中国传媒大学	−1.2224	61
江南大学	−0.2054	30	中国矿业大学（京）	−1.2435	62
合肥工业大学	−0.2140	31	中国政法大学	−1.3210	63
东北大学	−0.2249	32	中国人民大学	−1.4507	64

表 5.12　　　　　　　64 所教育部直属大学 F3 得分因子分析

描述统计量

	N	极小值	极大值	均值	标准差	中位数
F3	64	− 1.4507	3.5867	0.000006	0.9570803	− 0.243800
有效的 N（列表状态）	64					

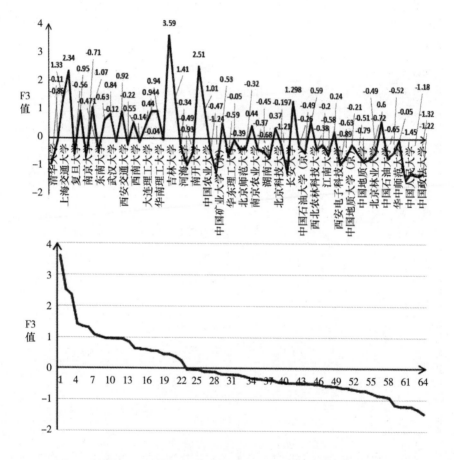

图 5.7　64 所教育部直属高校 F3 值的得分分布图

主因子 F3 主要反映的是 "科技活动人员总数" "高级职称科技人员数与科技人员总数的比例" "全校教学科技人员的全时当量" "在读研究生" "其他省部

级科技研究机构数"等项目，人是科技创新的主体与载体，侧重于科技创新方面的投入，尤其是人才投入。根据表 5.11 与表 5.12 的数据，F3 的平均值 0.000006，中位数为 -0.24380，平均值能较好的表示一组数据集中趋势但易受数据中个别的极大值和极小值影响，而中位数能避免受偏大或偏小数据影响，因此将两者结合考虑更能真实地反映一组数据的趋势变化。均值与中值相差 0.24381，表明平均数受到样本偏大或偏小数据影响。最大值 3.5867，最小值 -1.4507，极差为 5.0374，标准差较大，为 0.9571，说明样本数据的离散程度较大，即 64 所教育部直属高校在科技城新投入方面存在差异。接下来观察图 5.7 [注图 5.7 中的上图横坐标高校顺序是按照 F 值高低排列的，简称图 5.7（上）；下图横坐标是按照 F3 值高低来排列的，简称图 5.7（下）]，从图 5.7（上）总体来看，呈现三层明显的起伏波动状，第一层最高点 2.3407，最低点 -0.8631，波动区间在 [-0.8，2] 左右，共有 16 所高校；第二层的最高点达到 3.5867，最低点为 -1.2435，波动区间大约为 [-1.2，3.6]，有 15 所大学处于该区间；第三层最高点 1.2983，最低点 -1.4507，大部分部属高校（33 所）大学的变动区间在 [-1.5，1.3] 内，表明各高校间在科技创新投入方面存在差异，但大多数高校科技创新投入量基本趋于同一水平。图 5.7（下）来看，数据分布呈现快降—缓降—快降趋势，如果以 0 为标准，22 所高校的科技创新投入居于"0"上，接近 2/3 高校居于"0"下，但并不意味着高投入或低投入一定不好，会形成"高投入—高科技创新能力"或"高投入—低科技创新能力"抑或"低投入—高科技创新能力"或"低投入—低科技创新能力"四种情形。具体来看，吉林大学（3.5867）、浙江大学（2.3407）、上海交通大学（1.3352）居于 64 所教育部直属高校的科技创新投入前列；中国石油大学（0.6015）、西安电子科技大学（0.2456）等高校投入相对较多的情况下，其科技创新能力仍然较弱；清华大学（-0.8631）、北京大学（-0.1123）、复旦大学（-0.5601）等高校的 F3 值都较低，低于 64 所高校科技创新投入的平均水平，但高校走的是"低投入—高能力"的内涵式科技创新道路。同时如北京中医药大学（-1.1774）、中国政法大学（-1.3210）、中国传媒大学（-1.2224）等高校科技创新的总体投入低，其科技创新的综合能力也处于 64 所高校中的较靠后位置，由于该类高校属于专门类院校，其学科覆盖面有限，要通过全面增加对科技创新方面的投入，以达到用规模带动科技创新能力的增强有一定的难度。

表5.13   不同类型高校的主因子 F3 得分的统计分析

统计量

		综合类高校 F3	理工类高校 F3	师范类高校 F3	农林类高校 F3	医药类高校 F3	文艺法类 F3
N	有效	14	34	5	6	2	3
	缺失	50	30	59	58	62	61
均值		0.677721	− 0.047562	− 0.484620	0.102067	− 1.032900	− 1.331367
中值		0.256300	− 0.205300	− 0.488900	0.058200	− 1.032900	− 1.321000
标准差		1.3459704	0.7084299	0.1124531	0.6754499	0.2043539	0.1145025
极小值		− 0.7137	− 1.2435	− 0.6506	− 0.7235	− 1.1774	− 1.4507
极大值		3.5867	1.3352	− 0.3698	1.0097	− 0.8884	− 1.2224

表 5.13 是综合类高校、理工类高校、师范类高校、农林类、医药类、文艺法类高校的主因子 F3 的得分，首先，纵向来看每个类型的高校，综合类高校样本量 14 个，F3 的平均值是 0.6777，中值是 0.25630，平均值与中值约差 0.4214，表示 14 所高校中存在偏大值或偏小值造成综合类高校科技创新投入"虚高"。标准差为 1.34597，最大值 3.5867，吉林大学最小值为 − 0.7137，说明与南京大学数据间的离散程度大，意味着综合类高校内部在科技创新投入程度上存在明显差异，不同学校间的差距大，投入不均。理工类高校样本量 34 个，F3 平均值 − 0.04756，中值 − 0.2053，标准差 0.70843 左右，最小值 − 1.2435，中国矿业大学（京）最大值 1.3352 与上海交通大学两者极差为 2.5787，平均值与中值间相差 0.1577 左右，

　　说明理工类高校科技创新投入方面也存在部分高校高投入或低投入，科技创新投入度在高校间也呈不平衡状态，但理工类高校在科技创新投入上相较于综合类高校较为平均。师范类高校 F3 平均值 -0.48462，中值 -0.48890，标准差约为 0.11245，最大值 -0.3698，华东师范大学最小值 -0.6506 与东北师范大学两者相差 0.2808，标准差与极差相对较小，表明师范类高校间科技创新投入程度上比较接近，不同学校间差距不大。农林类高校 F3 平均值 0.1021，中值 0.0582，两者相差 0.0439 左右，标准差为 0.67545，最大值 1.0097，中国农业大学最小值 -0.7235 与北京林业大学两者相差 1.7332，农林类高校科技创新方面的投入上标准差相对较大，说明数据间的离散程度较大，意味着农林类高校间的科技创新投入度相差较大。医药类高校平均值和中值相等，为 -1.0329，标准差约为 0.20435，最小值 -1.1774，北京中医药大学最大值 -0.8884，与中国药科大学由于只有两所高校，因此，两者的科技创新上的投入程度只能代表各自学校而不能代表整个医药类高校科技创新投入现状。文艺法类高校也体现同样特征，只是不同高校间的创新投入方面的差异稍微小于医药类高校。横向来看这六类高校的科技创新力方面的投入力度，发现其在综合类高校间与理工类高校间分配的不均衡程度明显大于师范类高校、农林类高校、医药类高校、文艺法类高校内部间的配置，可能与前两类高校样本量明显多于后四类高校的样本量，但确实存在师范类高校与文艺法类高校在科技创新力投入程度上相对于其他四类高校处于较低位置，可能与学校属性有关，纯文科属性高校在某种程度上限制其必须进行有限投入。

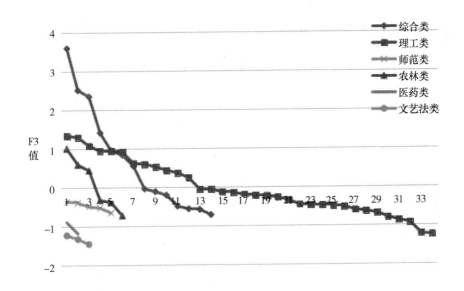

图5.8　不同类型大学的 F3 值

图5.8 是 64 所教育部直属高校按不同学校类型的F3 值所绘的分布图，据图可知，首先，六类高校的 F3值总体上均呈下降趋势，但具体下降趋势上又存在差异，综合类高校 F3 值体现"快降—缓降"趋势，理工类高校呈现"缓降—快降—缓降"特点，而师范类高校 F3 值与文艺法类高校 F3 值表现为"缓降"特征，

农林类高校 F3 值与医药类高校 F3 值均呈 "快降" 趋势，表明这六类高校的内部高校在科技创新投入程度上差异不大，但会存在高校 "寡头" 现象。其次，观察图 5.8 发现，综合类高校中有 7 所大学在科技创新 F3 得分居于 0 以上，占整个综合类高校的比例为 50%，说明综合类高校较为重视对科技创新的投入；理工类高校有 12 所大学 F3 值大于 0，占比为 35.29%，多数高校的科技创新投入偏低。综合类高校与理工类高校 F3 值的趋势线呈交错状，形如火钳形，即前 1—5 所高校，综合类高校 F3 值高于理工类高校，也意味着综合类高校科技创新投入上多于理工类高校，且两者差距是先小后大再小的特征，从第 6 所高校开始，理工类高校科技创新投入开始高于综合类高校，两条趋势线基本处于一种平行状态，两者投入差距既没扩大也没缩小，同时从理工类高校与综合类高校 F3 值的趋势图可看出综合类高校内部间的科技创新投入力度差异大于理工类高校内部，即综合类高校间相对于理工类高校间，其创新投入程度大小更加参差不齐，理工类高校要注意在保证增强自身科技创新力的基础上适当地加大创新投入力度，尤其是人才投入。最后，看六类高校的 F3 值趋势图，从左下方开始到右上方分别是文艺法类高校、医药类高校、师范类高校、农林类高校、综合类高校、理工类高校，越往右上方表示

F3 值越大，即科技创新投入力度越大。整体来看，大部分高校的科技创新投入，尤其是人才上的投入仍然处于一个较低水平。高校创新投入和产学合作能增加企业的专利产出与企业的两种创新产出，[①] 高等教育投入对科技创新的影响较经济增长的影响强度更大，应加大教育投入但需重视投入的高校使用。[②] 需要区别对待的是，针对"高投入—强科技创新能力"与"低投入—强科技创新能力"的高校，在投入不变或增加的基础上，确保其科技创新能力更强；而"高投入—科技创新能力弱"的高校，要注重提高科技创新的效率性、效益性、经济性，要从高校科技创新的制度、政策等上层设计到中层的资源合理性配置再到底层的具体执行整个过程中"查缺补漏"，避免投入的浪费；"低投入—科技创新能力弱"的高校要统筹规划，科技创新、知识创新是大学发展的根本动力，而大学又是促进知识创新和技术创新的源泉，是推进产学研转化的重要载体，高校要重视创新投入，提高其科技创新能力，推进高校由规模数量的外延式发展向注重创新质量的内涵式发展转变。

---

① 王鹏、张剑波：《高校创新投入、产学合作与大中型工业企业创新产出——基于我国十三省市面板数据的实证研究》，《暨南大学学报》（哲学社科版）2014 年第 10 期。

② 王树乔、王惠等：《高等教育投入、技术创新与经济增长》，《教育学术月刊》2016 年第 5 期。

（六）主因子 F4 高校知识产权创造因子

表 5.14　　　　　　　　F4 高校知识产权创造因子得分排名

学校	F4 得分	排名	学校	F4 得分	排名
西南大学	7.0184	1	北京邮电大学	−0.2350	33
浙江大学	1.3758	2	中国传媒大学	−0.2388	34
中国药科大学	1.0898	3	中国地质大学（京）	−0.2313	35
中国矿业大学	0.8785	4	东北师范大学	−0.2327	36
天津大学	0.7530	5	华东师范大学	−0.2447	37
东北大学	0.6774	6	厦门大学	−0.2687	38
清华大学	0.4533	7	南京大学	−0.2721	39
电子科技大学	0.3556	8	北京林业大学	−0.2842	40
四川大学	0.3509	9	中国人民大学	−0.2851	41
中南大学	0.2233	10	中国地质大学	−0.2861	42
东南大学	0.1347	11	华南理工大学	−0.2901	43
华东理工大学	0.1071	12	西南交通大学	−0.2969	44
东北林业大学	0.0976	13	华中师范大学	−0.2981	45
江南大学	0.0150	14	北京科技大学	−0.3036	46
北京师范大学	0.0068	15	长安大学	−0.3058	47
陕西师范大学	−0.0008	16	西安电子科技大学	−0.3112	48
北京化工大学	−0.0473	17	兰州大学	−0.3145	49
东华大学	−0.0552	18	复旦大学	−0.3179	50
大连理工大学	−0.0659	19	重庆大学	−0.3247	51
中国政法大学	−0.0854	20	西北农林科技大学	−0.3405	52
西安交通大学	−0.0931	21	中国农业大学	−0.3480	53
武汉大学	−0.1076	22	北京交通大学	−0.3580	54
中国石油大学	−0.1208	23	华中科技大学	−0.3633	55
华北电力大学	−0.1457	24	河海大学	−0.3701	56
北京大学	−0.1545	25	中山大学	−0.3824	57
合肥工业大学	−0.1629	26	南开大学	−0.4203	58
华中农业大学	−0.1844	27	山东大学	−0.4511	59
南京农业大学	−0.1920	28	湖南大学	−0.4783	60
武汉理工大学	−0.1997	29	同济大学	−0.5010	61
中国矿业大学（京）	−0.2057	30	上海交通大学	−0.5741	62
中国石油大学（京）	−0.2101	31	吉林大学	−0.6243	63
中国海洋大学	−0.2228	32	北京中医药大学	−0.7303	64

表 5.15　　　　　64 所教育部直属高校的 F4 值的描述性统计分析

描述统计量

	N	极小值	极大值	均值	标准差	中位数
F4	64	− 0.7303	7.0184	− 0.000014	0.9715254	− 0.227050
有效的 N（列表状态）	64					

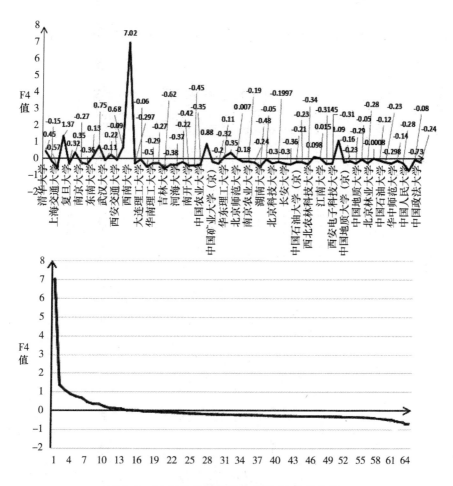

图 5.9　64 所教育部直属大学的 F4 值分布图

主因子 F4 主要反映的是"专利出售合同收入"
"单项专利出售平均金额""单笔合同平均技术转让经

费"等项目。知识经济时代，知识产权地位与意识日益凸显，高校作为知识创造和知识产权创造的重要产地和载体，其知识产权创造力的增强是促进高校内涵式发展的重要途径。改革开放以来，尤其是1999年高等教育扩招以来，中国高等教育发展迅速，但片面强调外延式发展，即突出高校发展的速度与规模，结果导致高校办学效益下降、教学质量不高、人才培养满足不了社会需求、高校创造力下降等问题出现。根据表5.14与表5.15的数据，F4的平均值 - 0.000014，中位数为 - 0.227050，平均值能较好地表示一组数据集中趋势但易受数据中个别的极大值和极小值影响，而中位数能避免个别偏大或偏小数据影响，将两者结合考虑更能科学反映一组数据的趋势变化。均值与中值相差0.2270左右，表明平均数受到样本偏大或偏小数据影响。最大值7.0184，为西南大学，究其原因是西南大学的专利合同收入的金额是10440.33万元，单项专利出售的平均金额为2626.49万元两项指标均居64所高校前列，而单笔合同平均技术转让经费为2617.49万元，居样本高校的首位，领先第二名高校（中国药科大学，505.67万元）5倍，在这三项指标西南大学综合得分最高，其F4值最高；最小值 - 0.7303，是北京中医药大学，极差为7.7487，标准差较大，约为0.9715，说明样本数据的离散程度较大，即 64 所教育部直属高校在知识产权创造上存在差异。接下来分析图 5.9 [注，图 5.9 中的上图横坐标高校顺序是按照 F 值高低排列的，简称图 5.9（上）；下图横坐标是按照 F4 值高低来排列的，简称图 5.9（下）]，从图 5.9（上）分布趋势来看，除却四所高校，分别是西南大学（7.0184），浙江大学（1.3758）外，大部分高校的 F4 值集中分布在 [-1，1] 之间，表示绝大多数高校的科技创新发展潜力接近，其中 F4 得分超过 0 的高校有 15 所，占 64 所高校的 23.44%，表明我国高校科技创新，尤其是知识产权创造潜力有进一步开发的空间，高校要结合自身的优势与基础，采取多种措施激发创造潜力。图 5.9（下）来看，数据分布呈现"极降—快降—缓降"趋势，前两所与后面高校的 F4 值趋势线坡度较陡，证明这两所高校与其他高校就目前知识产权创造潜力上的差距较大，而中间呈平滑下降趋势，高校的科技创造潜力逐渐减小但大学间的差距不大，有待进一步开发空间。

　　表 5.16 是六类高校的主因子 F4 的得分，首先，纵向来看每个类型的高校，综合类高校样本量 14 个，F4 的平均值是 0.3891，中值是 -0.2704，平均值与中值约差 0.65945，表示 14 所综合类高校的知识产权创造差异较大。标准差约为 1.97002，最大值 7.0184，西南大学最小值为 -0.6243 与吉林大学说明数据间的

表 5.16　　　　　　不同类型高校的主因子 F4 得分的统计分析

统计量

		综合类 高校 F4	理工类 高校 F4	师范类 高校 F4	农林类 高校 F4	医药类 高校 F4	文艺法类 高校 F4
N	有效	14	34	5	6	2	3
	缺失	50	30	59	58	62	61
均值		0.389050	− 0.093435	− 0.153900	− 0.208583	0.179750	− 0.203100
中值		− 0.270400	− 0.207900	− 0.232700	− 0.238100	0.179750	− 0.238800
标准差		1.9700227	0.3536310	0.1453546	0.1656291	1.2870051	0.1045270
极小值		− 0.6243	− 0.5741	− 0.2981	− 0.3480	− 0.7303	− 0.2851
极大值		7.0184	0.8785	0.0068	0.0976	1.0898	− 0.0854

离散程度较大，意味着综合类高校内部在知识产权创造潜力上差异大，高校在科技创新，尤其是知识产权创造力上存在两极化趋向，充分开发与未充分开发。理工类高校样本量 34 个，F4 平均值 − 0.093435，中值 − 0.20790，标准差 0.353631，最小值 − 0.5741，上海交通大学最大值 0.8785 与中国矿业大学两者极差为 1.4526，平均值与中值间相差 0.114465 左右，就知识产权创造开发上，理工类高校间的差异不大，但理工类高校的知识产权创造潜力激发程度普遍较低，同时在高校间呈非均匀状态分布，整体来看其 F4 值的离散程度相较于综合类高校要小。师范类高校 F4 平均值 − 0.15390，中值 − 0.23270，标准差约为 0.14535，最大值 0.0068，北京师范大学最小值 − 0.2981 与华中师范大学两者相差 0.3049，标准差与极差相对较小，表

明师范类高校间知识产权创造力基本相当，不同学校间差距不大。农林类高校 F4 平均值 -0.208583，中值 -0.23810，两者相差 0.0295，标准差为 0.1656291，最大值 0.0976，东北农业大学最小值 -0.3480 与中国农业大学两者相差 0.4456，农林类高校科技创新方面的投入上标准差与极差相对较小，说明数据间的离散程度小，意味着农林类高校间的知识产权创造潜力相差较小。医药类高校平均值和中值相等，为 0.179750，标准差约为 1.2870，最小值 -0.7303，北京中医药大学最大值 1.0898 与中国药科大学相比由于样本数据少，因此，两者的科技创新发展潜力上的统计分析只能代表各自学校而不能代表整个医药类高校科技创新潜力的实际情况。文艺法类高校的 F4 平均值 -0.20310，中值 -0.23880，平均值与中值都较小，表示该类高校知识产权创造潜力开发度较低，有进一步挖掘空间，标准差较小，约为 0.104527，说明文艺法类高校潜力开发程度持平。横向来看这六类高校的知识创造潜力，发现偏理性的高校在知识产权创造力开发上要优于偏文性的高校，就已有的样本统计数据，综合类高校与医药类高校的知识产权创造力的发展差距存在"两极分化"趋势。

图 5.10 是 64 所教育部直属高校的 F4 得分趋势图，据图可知，首先，六类高校的 F4 值总体上均呈下

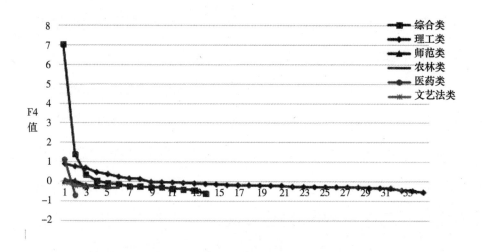

图 5.10　不同类型高校的 F4 得分趋势图

降趋势，但不同类型高校的下降趋势上存在差异，综合类高校 F4 值体现"极降—缓降"特点，理工类高校与农林类高校 F4 值呈现"快降—缓降"趋势，而师范类高校 F4 值与文艺法类高校 F4 值表现为"缓降"特征，医药类高校 F4 值表现为"极降"特点，表明这六类高校在科技创新潜力上的离散程度不一，医药类与综合类高校内存在"寡头"现象。其次，观察图 5.10 发现，综合类高校中有 10 所大学在科技创新 F4 得分上低于 0，占整个综合类高校的比例为 71.43%，说明当前综合类高校对知识创造力的开发程度不够；理工类高校有 8 所大学 F4 值大于 0，占比为 23.53%，其中位于 [0.5，0] 区间的高校有 5 所，占 8 所高校的 62.52%，多数高校的知识产权创造潜力仍然开发不够充分。其次，从左下方往右上方分布的 F4 得分的趋势线分别是医药类高校、文艺法类高校、农林类高校、师范类高校、综合类高校、理工类高校，越往右上方表示 F4 得分越高，意味着高校的知识产权创造力越强，综合类高校与理工类高校的 F4 值趋势线基本完全居于另外四类高校的上方，表明综合类高校与理工类高校在知识产权创造开发上表现更好，这可能与综合类高校与理工类高校对知识产权重视度及要求更高，其专利应用与科技成果转化、学科与经济社会发展需求以及行业企业的联系紧密度等也推动高校需要激发自身的创新潜能。同时农林类高校、师范类高校、文艺法类高校、医药类高校这四类数据线分布较为接近，虽存在层层递进关系，但两两间的差距较小。最后，通过图 5.10 看 64 所教育部直属高校的 F4 值的大小，发现得分位于 0 以上的高校有 15 所，占整个高校比重的 23.44%，其中得分超过 1 以上的高校有 3 所，占比 20%，占整个样本高校的比例为 4.69%，表明我国高校的知识产权创造力整体上未能充分开发，学校科技创新力发挥不足，当前高校发展更多地依靠数量与规模优势，创新不足。因此，应着力发挥高校作为创新策源地与创新型人才集聚地，通过激发高校的创新潜能来促进高等教育的内涵式发展，如转变高校教育理念、建立健全高校治理体制、营造创新文化氛围、完善高等教育评价体系等，由注重数量、规模、论文等外在指标转向重视品质、效益、创新等内涵，主动与企业、行业、产业、科研机构等需求相对接，充分促进新技术、新知识、新方法、新思维等方面的转化、应用与创新。

（七）主因子 F5 高校知识创新潜力因子

表 5.17　　　　　　　F5 高校知识创新潜力因子得分排名

学校	F5 得分	排名	学校	F5 得分	排名
江南大学	2.0658	1	大连理工大学	−0.0641	33
北京中医药大学	2.0392	2	湖南大学	−0.0886	34
浙江大学	1.7870	3	武汉理工大学	−0.1341	35
上海交通大学	1.6699	4	华东师范大学	−0.1509	36
清华大学	1.5362	5	北京化工大学	−0.1758	37
南开大学	1.3013	6	吉林大学	−0.2309	38
山东大学	1.1471	7	中国药科大学	−0.2524	39
重庆大学	1.0984	8	中国人民大学	−0.3662	40
西安交通大学	1.0252	9	华北电力大学	−0.3715	41
华南理工大学	0.9623	10	北京邮电大学	−0.3722	42
南京农业大学	0.8119	11	西安电子科技大学	−0.3823	43
北京大学	0.7659	12	武汉大学	−0.3831	44
电子科技大学	0.5734	13	北京交通大学	−0.3856	45
东华大学	0.3816	14	兰州大学	−0.3975	46
中国农业大学	0.2731	15	中国石油大学（京）	−0.4338	47
华中农业大学	0.1759	16	北京师范大学	−0.4356	48
华中科技大学	0.1396	17	四川大学	−0.4702	49
华中师范大学	0.0960	18	东北大学	−0.5239	50
中国矿业大学	0.0832	19	河海大学	−0.5782	51

续表

学校	F5 得分	排名	学校	F5 得分	排名
南京大学	0.0747	20	长安大学	−0.5999	52
同济大学	0.0632	21	中南大学	−0.6294	53
北京科技大学	0.0603	22	西南大学	−0.6371	54
中国地质大学（京）	0.0556	23	陕西师范大学	−0.6675	55
天津大学	0.0501	24	西北农林科技大学	−0.7178	56
复旦大学	0.0387	25	东北师范大学	−0.7548	57
中国石油大学	0.0204	26	中国地质大学	−0.7779	58
厦门大学	0.0076	27	东北林业大学	−0.9142	59
华东理工大学	−0.0283	28	中国海洋大学	−1.0045	60
北京林业大学	−0.0063	29	中国矿业大学（京）	−1.2228	61
东南大学	−0.0114	30	中国传媒大学	−1.2972	62
合肥工业大学	−0.0313	31	西南交通大学	−1.3306	63
中山大学	−0.0559	32	中国政法大学	−1.4175	64

表 5.18　　　　　　64 所教育部直属高校的 F5 值的描述性统计

描述统计量

	N	极小值	极大值	均值	标准差	中位数
F5	64	−1.4195	2.0658	0.000005	0.7905410	−0.060000
有效的 N（列表状态）	64					

　　主因子 F5 主要反映的是"授权发明专利所占比例"、"出售专利占授权专利比重"等。不仅强调专利、技术转让的总金额等数量规模，更加凸显授权发明专利或出售专利所占的比重，重视高校科技创新的未来发展潜力，鼓励高校内涵式发展。根据表 5.17 和

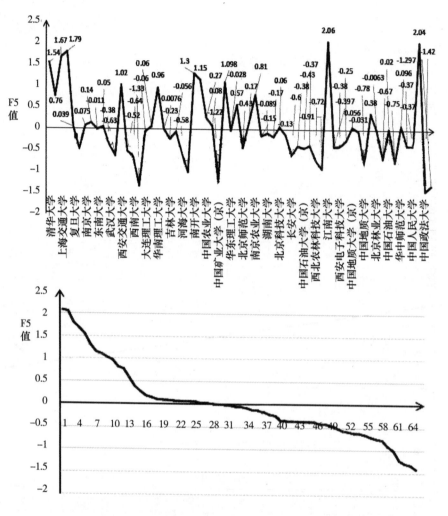

图 5.11 64 所教育部直属高校的 F5 得分趋势图

表 5.18 的数据表明，F5 的平均值 0.000005，中位数为 −0.06000，平均值偏大，均值与中值相差约 0.06，表示样本数据中存在个别的极大值和极小值，因为平均数易受到偏大或偏小值影响，进而对样本数据的集中趋势产生影响，不能反映样本的实际情况，"虚高"或"虚低"。F5 的最大值 2.0658，为江南大学，最小

值-1.4195，是中国政法大学，极差为3.4853，标准差较大，为0.790541，说明样本数据的离散程度较大，即64所教育部直属高校科技创新潜力上存在差异，即部分高校仍以粗放式发展等为主。接下来分析图5.11［注图5.11中的上图横坐标高校顺序是按照F值高低排列的，简称图5.11（上）；下图横坐标是按照F5值高低来排列的，简称图5.11（下）］，从图5.11（上）分布趋势来看，江南大学（2.0658）、北京中医药大学（2.0392）、浙江大学（1.7870）、上海交通大学（1.6699）以及清华大学（1.5362）居64所高校的前五名，大部分高校的F5值集中分布在［0.4，-0.7］之间，占整个样本数据的65.62%，F5得分在0以上的占比为42.19%，而得分在1以上的高校占比14.06%，仍然偏低，但表明高校开始或已经转变发展战略，绝大多数高校的科技创新的潜力情况良好，目前更多的是通过数量、规模等外在因素推进科技创新发展，高校整体创新后续能力有待加强，创新潜能未能得到充分开发。从图5.11（下）来看，数据分布呈现"快降—缓降"趋势，前7所高校的F5值趋势线坡度较陡，表明这7所高校与其他57所高校就科技创新潜力来讲，差距较大，而中间呈平滑下降趋势，高校的科技创新潜力率逐渐降低但高校与高校之间的差距不大。

表5.19　　　　　　　　　　　不同类型高校的 F5 值统计分析

统计量

		综合类高校 F5	理工类高校 F5	师范类高校 F5	农林类高校 F5	医药类高校 F5	文艺法类 F5
N	有效	14	34	5	6	2	3
	缺失	50	30	59	58	62	61
均值		0.358100	-0.041965	-0.382560	-0.062900	0.893400	-1.027633
中值		0.023150	-0.047700	-0.435600	0.084800	0.893400	-1.297200
标准差		0.8882461	0.6931183	0.3554056	0.6468394	1.6204059	0.5760728
极小值		-0.6371	-1.3306	-0.7548	-0.9142	-0.2524	-1.4195
极大值		2.0658	1.6699	0.0960	0.8119	2.0392	-0.3662

表 5.19 是六类高校的主因子 F5 的得分,首先,纵向来看每个类型的高校,综合类高校样本量 14 个,F5 的平均值是 0.35810,中值是 0.02315,平均值与中值约差 0.33495,表示 14 所综合类高校中的科技创新潜力的得分上存在较大差异。标准差约为 0.88825,最大值 2.0658,江南大学,最小值 -0.6371,西南大学,说明数据间的离散程度大,意味着综合类高校内部在科技创新潜力上差异较显著。理工类高校样本量 34 个,F5 平均值为 -0.041965,中值为 -0.04770,标准差约为 0.69312,最小值为 -1.3306,西南交通大学,最大值 1.6699,上海交通大学,两者极差为 3.0005,平均值与中值间相差 0.005735 左右,就科技创新潜力上,理工类高校间差异相对于综合类高校间要小,平均值与中位数都较小,表明目前理工类高校

的科技创新潜力未能充分开发，创新潜能激发度较低，整体来看其 F5 值的离散程度相较于综合类高校较小。师范类高校 F5 平均值为 -0.382560，中值为 -0.43560，标准差约为 0.35541，最大值为 0.0960，华中师范大学最小值 -0.7548 与东北师范大学相比两者相差 0.8508，标准差相对较小，表明师范类高校间科技创新潜能方面基本相当，不同学校间差距不大，但平均值与中位数都较小，说明师范类高校当前科技创新潜力开发不足。农林类高校 F5 平均值 -0.06290，中值 0.0848，两者相差 0.15770，标准差为 0.6468，最大值 0.8119，南京农业大学最小值 -0.9142 与东北林业大学相比极差为 1.7261，农林类高校科技创新方面的投入上标准差与极差较大，说明数据间的离散程度较大，意味着农林类高校间的科技创新潜力相差较大。医药类高校平均值和中值相等为 0.8934，标准差约为 1.6204，最小值 -0.2524，中国药科大学最大值 2.0392 与北京中医药大学，标准差与极差大，出现极端现象，但由于样本数据少，因此，两者的科技创新潜力的得分统计只能反映自身的实际情况而不能代表医药类高校科技创新潜能的开发现状。文艺法类高校的 F5 平均值为 -1.0276，中值 -1.2972，平均值与中值都较小，表示该类高校创新潜能处于一个较低水平，标准差较小，约为 0.5761，说明文艺法类高校在创新潜力上的得分呈非均匀分布。横向来分析这六类高校的科技创新潜力情况，发现综合类高校、医药类高校、理工类高校、农林类高校在科技创新潜力上内部差异较大，存在部分高校创新潜能开发充分与部分高校潜能开发度低的两个极端现象，理工类、师范类、文艺法类三类高校 F5 得分的平均值与中位数都较小，表示三类高校目前所激发的创新潜能较低，且理工类与文艺法类高校内部间的差异较大。大学在基础研究领域的创新，是知识创新产生的源头，大学在技术创新领域的贡献在于可以将先进的技术应用到社会的各个方面，同时对企业的技术改革起到诱导激发作用。因此，如何进一步激发大学的创新潜能是高校可持续发展与经济社会发展的内在需求与外部需求的必然要求。

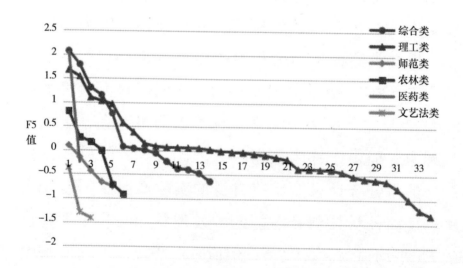

图 5.12　不同类型高校的 F5 值

图 5.12 是 64 所教育部直属高校的 F5 值的趋势图，据图可知，首先，六类高校的 F5 值总体上均呈下降趋势，但不同类型高校其下降急缓程度不一，综合类高校 F5 值体现"极降—缓降"特点，理工类高校 F5 值体现"快降—缓降"特征，师范类高校 F5 值与农林类高校 F5 值呈"快降"趋势、文艺法类高校 F5 值与医药类高校 F5 值均呈现"极降"趋势，表明不同类型高校在科技创新潜力上的得分离散程度不一，六类高校的科技创新潜能开发以及创新潜力发挥程度上优劣明显，且高校内部都存在相对极端现象。其次，观察图 5.12 发现，综合类高校中有 8 所大学在科技创新 F5 得分上超过 0，占整个综合类高校的比例为 57.14%，说明当前综合类高校的整体创新潜力开发和利用率较优；理工类高校有 14 所大学 F5 值大于 0，占比为 41.18%，得分在 1 上的高校有 4 所，占比 11.76%，位于 [0.5，-0.5] 区间的高校有 20 所，占理工类高校的 58.82%，理工类高校在创新潜能激发上的表现有点堪忧或者说并不令人满意；农林类高校有 3 所高校的 F5 值大于 0，占比 50%，总之，从六类高校的 F5 得分趋势看，27 所高校的 F5 值位于 0 以上，占整个样本高校的 42.19%，但其中位于 [0，0.5] 区间的高校 12 所，占 27 所高校的近一半，表明我国高校的科技创新潜力普遍处于未充分开发阶段，科技

创新对高校发展贡献力不足，当前我国高校发展现状更多的是外延式发展。其次，根据 F5 值所绘制的趋势图的分布特点，从左下方往右上方的分别是文艺法类高校、师范类高校、农林类高校、医药类高校、综合类高校、理工类高校，越往右上方表示 F5 得分越高，意味着高校的科技创新对高校发展的贡献力越大；但理工类高校、农林类高校、师范类高校、文艺法类高校、综合类高校、医药类高校的 F5 的得分普遍较低，表明我国高校的科技潜力发展水平较低，且 F5 值的趋势线前段呈极降趋势，意味着高校内部均存在严重的分化现象。科技创新能力已成为影响国家位势的决定性因素，雄厚的创新潜力是大国崛起的不竭源泉，创新环境对创新潜力存在显著的正相关。[①] 高校作为人才培养、科学技术、知识创新等重要主体，在寻求经济新常态发展、基础应用研究如前沿技术研究和关键领域重点突破等、行业企业与区域发展需求、高校内涵式发展，如"双一流"建设等都对高校如何充分利用和发挥其科技创新潜力提出更高要求。如专利保护制度、科技创新投入经费、高校治理体制的优化等为基础的创新环境的营造有利于释放高校潜在的科技创新潜能。

---

①　李涛、张璋：《科技创新能力与国家位势关系研究——基于结构方程模型的量化分析》，《中国软科学》2014 年第 2 期。

（八）主因子 F6 高校科技创新效益因子

表 5.20　　　　　　　F6 高校科技创新效益因子得分排名

学校	F6 得分	排名	学校	F6 得分	排名
天津大学	2.2503	1	华北电力大学	−0.1099	33
北京交通大学	2.0846	2	中南大学	−0.2073	34
中国农业大学	1.6551	3	吉林大学	−0.2172	35
中国石油大学（京）	1.2515	4	华东理工大学	−0.2682	36
电子科技大学	0.9909	5	中国药科大学	−0.2843	37
北京化工大学	0.9628	6	东南大学	−0.2941	38
西安电子科技大学	0.8452	7	中山大学	−0.3000	39
山东大学	0.8282	8	中国矿业大学（京）	−0.3197	40
西南交通大学	0.8089	9	湖南大学	−0.3265	41
西南大学	0.8908	10	河海大学	−0.3372	42
华中农业大学	0.7416	11	华中师范大学	−0.3447	43
北京科技大学	0.7225	12	中国地质大学	−0.4021	44
上海交通大学	0.7052	13	清华大学	−0.4094	45
南京农业大学	0.6914	14	东北师范大学	−0.4761	46
东北大学	0.6743	15	复旦大学	−0.4954	47
大连理工大学	0.5875	16	陕西师范大学	−0.5121	48
南京大学	0.5079	17	北京大学	−0.5201	49
华南理工大学	0.4427	18	中国人民大学	−0.5296	50
西北农林科技大学	0.4240	19	北京林业大学	−0.5308	51
重庆大学	0.4201	20	东北林业大学	−0.5367	52
浙江大学	0.3689	21	北京中医药大学	−0.5807	53
华东师范大学	0.3653	22	东华大学	−0.7425	54
西安交通大学	0.3128	23	江南大学	−0.7618	55
同济大学	0.1757	24	中国传媒大学	−0.7903	56
北京师范大学	0.1555	25	中国矿业大学	−0.8285	57
厦门大学	0.1718	26	武汉理工大学	−0.8542	58
合肥工业大学	0.1565	27	兰州大学	−0.8955	59
中国海洋大学	0.0444	28	中国政法大学	−0.9221	60
华中科技大学	0.0008	29	南开大学	−1.0250	61
中国石油大学	−0.0302	30	武汉大学	−1.0953	62
北京邮电大学	−0.0393	31	四川大学	−1.3286	63
中国地质大学（京）	−0.0827	32	长安大学	−1.5256	64

表 5.21   64 所教育部直属高校的 F6 值的描述性统计分析

描述统计量

	N	极小值	极大值	均值	标准差	中位数
F6	64	−1.5256	2.2503	0.020523	0.7679281	−0.096300
有效的 N（列表状态）	64					

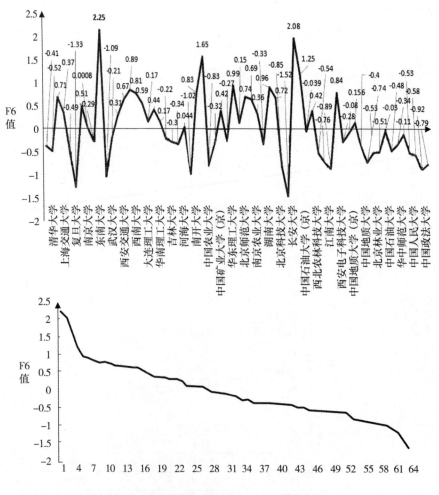

图 5.13   64 所教育部直属高校的 F6 值趋势分布图

主因子 F6 主要反映了"人均发表论文数""人均
科研经费数"等排除科研经费、论文数量与规模效应外，更加凸显人均论文或经费所带来的效益，即重视高校科技创新的内在质量，摒弃单纯以量取胜的评价标准，鼓励高校科技创新走内涵式发展道路。同时科研经费是保证高校科研工作的基础，是科技创新与发展的前提条件之一。中国高校科研经费的来源主要是政府财政拨款与企事业单位的委托经费等，其中以中央与地方政府的财政拨款为主。科研经费是高校从事科学研究的基础，科研经费的增加一方面有助于促进高校的科研产出，激发科研人员的科技创新热情，另一方面也能真实地反映高校每位科研人员所能支配和拥有的科研经费，一定程度上体现了该校的科研实力。从表5.21和表5.20的64所教育部直属高校的F6值可知，F6平均值为0.020523，中位数-0.09630，两者相差0.116823，标准差约为0.76793，标准差较大表明高校F6得分的离散程度较大，具体来说就是高校的人均科研经费和人均论文数分配不均，存在极值数据。F6的最大值2.2503，天津大学，最小值-1.5256，长安大学，极差为3.7759，也证实了64所高校间科研创新效益存在较大差异，有极端现象出现。接下来分析图5.13〔注，图5.13中的上图横坐标高校顺序是按照F值高低排列的，简称图5.13（上）；下图横坐标是按照F6值高低来排列的，简称图5.13（下）〕，从图5.13（上）数据走势来看，天津大学

（2.2503）、北京交通大学（2.0846）、中国农业大学
（1.6551）以及中国石油大学（京）（1.2515）、电子
科技大学（0.9909）居64所高校的前五名，大部分高
校的F6得分集中分布在［0.5，−0.8］之间，占整个
样本数据的64.06%，F6值在0以上的高校有29所，
占比45.31%，表明该部分高校的人均科研经费与人均
论文数居于较高水平，具备一定的科研实力，科技创
新效益较高。从图5.11（下）来看，数据分布呈现
"极降—快降—缓降"趋势，前四所高校的F6值趋势
线坡度陡，表明这四所高校与其他60所高校就人均科
研经费等来讲，差距较大，而中间呈快降趋势，高校
的人均科研经费逐渐减少但高校与高校间的差距不大，
意味着以每位科研人员所能支配和拥有的科研经费为
代表的科研热情差异不大。

表5.22　　　　　　　　　不同类型高校的F6值的统计分析

统计量

		综合类高校F6	理工类高校F6	师范类高校F6	农林类高校F6	医药类高校F6	文艺法类高校F6
N	有效	14	34	5	6	2	3
	缺失	50	30	59	58	62	61
均值		− 0.276521	0.195862	− 0.162420	0.407433	− 0.432500	− 0.747333
中值		− 0.397700	0.022600	− 0.344700	0.557700	− 0.432500	− 0.790300
标准差		0.7276597	0.7874992	0.3979506	0.8391568	0.2095864	0.1997465
极小值		− 1.3286	− 1.5256	− 0.5121	− 0.5367	− 0.5807	− 0.9221
极大值		0.8908	2.2503	0.3653	1.6551	− 0.2843	− 0.5296

　　表5.22是六类高校的主因子F6的值，首先，来看每个类型的高校，综合类高校样本量14个，F6的平均值是-0.276521，中值是-0.3977，平均值与中位数约差0.1212，表示综合类高校的人均科研经费与人均论文数相对偏低，科技创新效益较低，一定程度上影响了高校科技创新实力和科研热情。标准差约为0.72766，最大值0.8908，最小值为西南大学的-1.3286与四川大学相比说明数据间的离散程度大，意味着综合类高校间的人均科研经费分配差异较显著。理工类高校样本量34个，F6平均值0.195862，中值0.0226，标准差约为0.787499，最小值-1.5256，最大值长安大学2.2503与天津大学相比两者极差为3.7759，平均值与中值间相差0.1733左右，极差与标准差都较大，表明不同理工类高校间的人均科研经费与人均发表论文数差异较显著，在高校间也呈相对非均匀状态分布，整体来看其F6值的离散程度相较于综合类高校较大，但高校的每位科研人员所拥有的科研经费相对较高。师范类高校F6平均值-0.16242，中位数-0.3447，标准差约为0.39795，最大值0.3653，最小值华东师范大学-0.5121与陕西师范大学相比两者相差0.8774，极差相对较大，表明存在少数师范类高校的人均科研经费较突出，标准差相对较小，说明其他的不同学校间差距不大。农林类高校F6平均值

0.407433，中值0.5577，两者相差0.1503，标准差约为0.83916，最大值1.6551，中国农业大学最小值-0.5367与北京林业大学相比极差为2.1918，农林类高校科技创新效益F6值的标准差与极差较大，说明数据间的离散程度较大，意味着农林类高校间的人均科研经费相差较大。医药类高校平均值和中值为-0.4325左右，标准差约为0.2096，最小值-0.5807，最大值北京中医药大学-0.2843与中国药科大学相比平均值与中位数都较小且标准差较小，表明医药类高校每位科研人员的科研经费数相当，高校的人均发表论文数相差不大，也间接地意味着这两所高校的科技创新效益比较低，但两者的科技创新效益的得分统计只能反映自身的实际情况而不能代表整个医药类高校科技创新效益的高低。文艺法类高校的F6平均值约为-0.74733，中值-0.7903，平均值与中值都较小，表示该类高校不管是人均论文还是科研经费均处于一个较低水平，但标准差较小，约为0.1997，说明文艺法类高校在科技创新效益的得分差异较小，其科技创新能力基本相当。横向来分析这六类高校的人均科研经费与人均论文发表情况，发现综合类高校、理工类高校、农林类高校、师范类高校的科技创新效益上内部差异较大，存在部分高校高人均科研经费、部分高校低人均科研经费两个极端现象，农林类与理工类高校 F6 得分的平均值与中位数都较大，表示理工类高校的人均科研经费相对于其他四类高校要高。

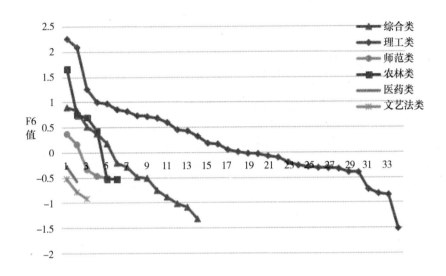

图 5.14 不同类型 F6 值的趋势图

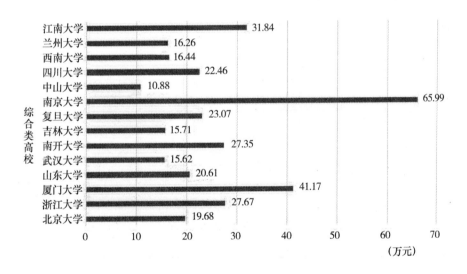

图 5.15 综合类高校 2014—2016 三年的平均人均科研经费

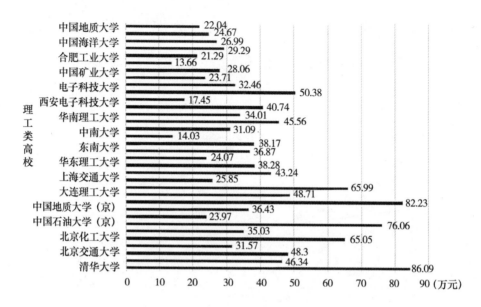

图 5.16 理工类高校 2014—2016 年三年的平均人均科研经费

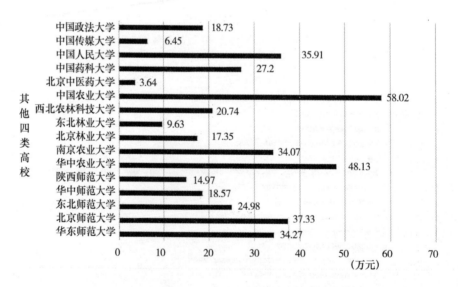

图 5.17 师范类、农林类、医药类、文艺法类高校

2014—2016 年三年的平均人均科研经费

图 5.14 是不同类型高校的 F6 值的走势图，据图可知，首先，六类高校的 F6 值总体上均呈下降趋势，但不同类型高校其下降快慢程度不一，综合类高校 F6 值、理工类高校 F6 值、师范类高校 F6 值、农林类高校 F6 值、文艺法类高校 F6 值均呈现"快降—缓降"趋势，医药类高校 F6 值表现为"极降"特征，表明不同类型高校在人均科研经费与人均论文发表数上的得分离散程度不同，理工类、医药类、综合类、农林类高校内部存在相对极端现象，即少数高校的人均科研经费居高。其次，综合类高校中有 5 所大学 F6 得分上超过 0，占整个综合类高校的比例为 35.71%，说明当前综合类高校人均科研经费相对偏少；理工类高校有18 所大学 F6 值超过 0，占比为 52.94%，其中 F6 值大于 1 的高校有 3 所，占 18 所理工类高校的 16.67%，表示理工类高校的人均科研经费普遍相对较高，其科技创新效益与创新热情相对其他类高校要高；其次，综合来看六类高校的 F6 值走势图，从左下方开始到右上方分别是文艺法类高校、医药类高校、师范类高校、农林类高校、综合类高校、理工类高校，越往右上方F6 得分越高，即该类型高校的人均科研经费越多，其中理工类高校与综合类高校、师范类高校、农林类高校、文艺法类高校、医药类高校间出现小"鸿沟"或"断层"，说明理工类高校每位科研人员所拥有的科研

经费远高于其他五类高校，不同类型高校间的人均科研经费以及人均论文发表数的差异某种程度上体现了高校间科技创新能力强弱不同。促进经济特别是社会发展，应重视并促进研究型大学取得或持续取得知识产权性科技成果，另外还应重视并促进其取得或持续取得知识产权性科技成果产出效益。① 科技创新效益低，创新能力较弱是我国高校发展的现状，相较于以科学研究水平、科技创新、人才培养等为目标和标准的发展方式，当前高校更多的是依靠粗放式数量、规模以及外部主导的同质化增长。2015 年颁布的《统筹推进世界一流大学和一流学科建设总体方案》中指出"坚持以一流为目标，以绩效为杠杆，充分激发高校内生发展动力"、"培养拔尖创新人才、提升科学研究水平、开展协同创新、传承创新优秀文化"等，"双一流"建设要求高校转变发展方式，以创新为高校内生驱动力和内在活力，建立协同创新体系，注重提高科技创新的效益，推进知识的应用价值、科研成果、技术专利的转化。

　　最后，看图 5.15、5.16、5.17 的不同类型高校在 2014—2016 年的三年人均科研经费，发现综合类高校

① 喻庆勇、王九云：《研究型大学知识产权性科技成果的社会效益问题——以创新驱动发展战略为视角》，《哈尔滨工业大学学报》（社科版）2015 年第 2 期。

中，人均经费最高的是南京大学（65.99万元），最低的是中山大学（10.88万元），前者是后者的6倍；理工类高校中人均科研经费最高的是清华大学（86.09万元）是最低的合肥工业大学（13.66万元）的6.3倍；陕西师范大学人均科研经费（14.97万元）约是北京师范大学人均科研经费（37.33万元）的0.4倍；农林类高校中人均科研经费最高的华中农业大学（48.13万元）是最低的东北林业大学（9.63万元）的5倍左右；医药类人均科研经费最高的约是最低的7.47倍；文艺法类是5.57倍左右。表明不仅不同类型高校间的人均科研经费差距大而且同类型高校间的差异也呈增大趋势，一般维持在6倍左右。当人均经费未达到最低标准时，经费越多产出越少，经费可能用于科研硬件积累；当人均经费投入达到标准后，科研产出迅速增加。① 因此，针对当前我国高校人均科研经费普遍偏低的现状，如何增加高校人均科研经费是高校可持续发展与内涵式发展的必然要求。而导致人均科研经费较低主要由两种情况，一是所谓的科研人员多，"僧多粥不变"，二是总科研经费量少，"僧多粥少"。针对科研人员多，高校要将科学研究人员分为直接从事与间接从事，长期专职型与短期副业型等，只

---

① 王鹏、陈迅等：《中国高校经费投入、研发规模与科研产出——基于双门限模型的分析》，《研究与发展管理》2016年第3期。

有直接从事、长期专业性人员才能参与科研经费分配，实行"专款专人专用"；同时要严格控制科研活动人员规模，在满足科学研究的基础上适当地精简机构、裁减冗员，引进高层次人才，提升高层次人才贡献率，优化科研评价体系，发挥拔尖创新人才的倍数效应。拓宽高校科研经费来源渠道，目前高校科研经费主要依靠政府财政拨款，而高校所处地域的经济发展情况不一，在一定程度上制约了高校科研经费额，高校要主动出击、精准发力，主动与社会企业行业对接，增加与企业行业合作，充分利用其拨款资助完成相应的委托科研项目，提升高校科技创新能力。

结　　语

　　十八大报告强调"科技创新是提高社会生产力和综合国力的战略支撑"，明确提出创新驱动发展战略，提高自主创新能力。高校科技创新是新知识、新技术、新生产方法产生的至关重要的部分，对社会经济发展起到巨大推动作用。[①] 科技创新能力如同其他创新能力一样都是一种存量与潜力的结合，而由潜力向存量成果转化是一种渐进性的量变过程。现阶段，高校科技创新能力非均衡、科技创新能力发展不平衡特征明显，差异巨大，不利于"双一流"建设。[②③] 本研究只是对当前大学科技创新力指标体系进行了探讨与比较，并

　　① 胡晓辉、杜德斌：《科技创新城市的功能内涵、评价体系及判定标准》，《经济地理》2011 年第 10 期。

　　② 游小珺等：《中国高等教育经费投入空间格局及形成机理研究》，《地理科学》2016 年第 2 期。

　　③ 汪凡、白永平等：《中国高等学校科技创新能力时空格局及影响因素》，《经济地理》2017 年第 12 期。

利用《高等学校科技统计资料汇编（2014—2016 年）》等数据对 64 所教育部直属高校的科技创新能力进行初步计算并排名，发现中国高校间的科技创新能力差距较大，创新力强弱不一，还需要后期运用长时段的数据进行发展性评价，才能更加科学地反映大学创新能力的变化情况，分析存在的问题。同时，此次评价结果仅仅反映各所大学在这些客观指标上的水平差异，并不表明各所大学的整体实力或者在其他方面能力的强弱。但在收集数据资料以及指标验证的过程中，可以发现中国高校的科技创新活动仍存在以下问题：

一是只注重高层次专家、带头人的领导效应忽视团队建设的合力效应，同时现有的人才激励制度及晋升制度不利于青年专家学者这一科技创新活动的基础群体潜力的发挥；二是中国高校的科技创新活动的基础研究方面仍主要依赖于政府的经费投入，参与企事业单位的委托项目也主要是为了得到科研经费支持，不能很好地满足市场科技创新的需求，承担社会服务的动力不足；三是部分大学或是科技创新投入资源冗杂，或是科技创新资源的利用分配不当，或是科技创新机制不能有效激励科技创新成果的产出，从而导致科技创新产出效率不高。因此，如何发挥人才在科技创新活动的主体地位，提高高校对产业变革的贡献率，使各高校成为产业转型升级与创新驱动的发源地；承担起科技创新服务社会、服务地区经济发展、服务人民的任务，强化科技与经济、创新项目与现实生产力、创新成果与产业对接；促进产学研相结合，高校学科、人才、科研与产业、行业、企业互动，打通基础研究、应用开发、成果转移与产业化链条，建立健全科研成果转化、发明专利应用机制等是当前推进高校"双一流"建设过程中不容忽视的重要方面。

在科技经济一体化的知识经济时代，贯彻实施"人才强国"战略是实现中华民族伟大复兴的必由之路。大学在国家创新体系的基础地位和自身的功能性质决定了其必须承担起"科技创新，服务经济"的重任。政府教育部门应当扮演好引导者、服务员角色，一方面因地制宜为需要科技创新成果的企业以及国外科研机构和高校牵线搭桥，另一方面强化大学科技创新力的制度环境和资源支持，引导各高校创新人才培养模式、改善科技创新评价的考核与激励体制，从而提高大学的科技创新成果产出率，使得各高校更好地发挥服务社会经济发展、提升中国国际竞争力的效用。

参考文献

（一）著作类

［1］胡义牧：《国际人才竞争》，企业管理出版社 2004 年版。

［2］李燕萍、吴绍棠：《人才强国战略与中国特色的人才资源开发》，科学出版社 2010 年版。

［3］李维平：《人才强国：理论探索与战略研究》，中国人事出版社 2011 年版。

［4］林泽炎：《强国利器——人才开发的战略选择与制度设计》，中国劳动社会保障出版社 2008 年版。

［5］刘新平、张运良：《教育统计与测评导论》，科学出版社 2013 年第二版。

［6］周静：《高校科技创新体系的理论与实证研究》，高等教育出版社 2012 年版。

［7］张厚吉、帅相志：《高等学校科技创新的实践与发展取向》，科学出版社 2009 年版。

［8］*IMD. World Competitiveness Report* 2014，IMD World Competitiveness Center，2014.

［9］*The Global Innovation Index* 2015——*Effective Innovation Policies for Development*，Geneva，Switzerland，the World Intellectual Property Organization. 2016.

［10］*Innovation Union Scoreboard* 2015，Belgium，European Union，2015.

（二）期刊类

［1］大学评价国际委员会：《2007 年国际大学创新力客观评价报告》，《高等教育研究》2007 年第 6 期。

［2］丁海德、綦晓卿等：《青岛高校科技创新能力分析——基于专利信息视角》，《科技管理研究》2012 年第 21 期。

［3］姜鑫、余兴厚、罗佳：《我国科技创新能力评价研究》，《技术经济与管理研究》2010 年第 4 期。

［4］何建坤、史宗凯：《论研究型大学的技术转移及其对策》，《教育研究》2007 年第 8 期。

［5］赖胜德、武向荣：《论大学的核心竞争力》，《教育研究》2002 年第 7 期。

［6］李安昌、王卫：《高校科技评价体系对创新的制约及优化》，《企业改革与管理》2014 年第 16 期。

［7］李文波：《我国大学和国力科研机构技术转移影响因素分析》，《科学学与科学技术管理》2003 年第 6 期。

［8］雷朝滋、黄应刚：《中外大学技术转移比较》，《研究与发展管理》2003 年第 5 期。

［9］刘宝存：《国际视野下我国大学创新力存在的问题及对策研究》，《比较教育研究》2011 年第 1 期。

［10］刘凤朝、孙玉涛：《我国科技政策向创新政策演变的过程、趋势与建议——基于我国 289 项创新政策的实证分析》，《中国软科学》2007 年第 5 期。

［11］刘举、刘云等：《基于因子分析法的综合大学创新力指标研究》，《科学学与科学技术管理》2007 年第 10 期。

［12］刘勇、应洪斌等：《中国高校科技创新能力——基于华东地区高校的实证研究》，《研究与发展管理》2014 年第 5 期。

［13］吕蔚、王新峰等：《基于核主成分分析的高校科技创新能力评价研究》，《国防科技大学学报》2008 年第 3 期。

［14］ 马瑞敏、韩小林：《中国高校科研创新力分类分层研究》，《重庆大学学报》2012 年第 2 期。

［15］ 宁滨：《关于提升高水平研究型大学创新力的思考》，《中国高等教育》2010 年第 17 期。

［16］ 邱永明、朱莲华：《人才强国战略的历史和现实依据》，《上海大学学报》（社会科学版）2004 年第 6 期。

［17］ 山东人才强国战略课题组：《论实施人才强国战略的时代背景和意义》，《齐鲁学刊》2007 年第 1 期。

［18］ 隋秀芝、李炜：《高校科技创新力发展实证研究》，《科学管理研究》2013 年第 2 期。

［19］ 谈松华：《人力资源开发与人才强国战略》，《国家教育行政学院学报》2005 年第 2 期。

［20］ 田志康、赵旭杰等：《中国科技创新能力评价与比较》，《中国软科学》2008 年第 7 期。

［21］ 王金国、石照耀等：《基于主成分分析和熵值法的高校科技创新能力评价》，《河海大学学报》（哲学社会科学版）2015 年第 2 期。

［22］ 王占军：《大学创新力的影响因素分析》，《高校教育管理》2008 年第 5 期。

［23］ 王章豹、徐枞巍：《高校科技创新能力综合评价：原则、指标、模型与方法》，《中国科技论

坛》2005 年第 5 期。

［24］徐小洲、梅伟惠：《中国大学创新力的问题与对策》，《中国高教研究》2006 年第 11 期。

［25］杨瑞仙、梁艳平：《国内外高校科研评价方法比较研究》，《情报杂志》2015 年第 9 期。

［26］袁兴国：《基于人才强国战略的高校人才培养模式改革探析》，《黑龙江高教研究》2011 年第 11 期。

［27］张根明、陈才等：《创新性人力资本对经济增长影响的实证研究——基于存量与水平的视角》，《科技进步与对策》2010 年第 2 期。

［28］张永莉、邹勇：《创新人才创新力评估体系与激励制度研究》，《科学管理研究》2012 年第 12 期。

［29］赵蓉英、雷将：《中国 985 高校科研竞争力的计量评价研究——以材料科学和工程学为例》，《重庆大学学报》2008 年第 14 期。

［30］周霞、李海基：《区域科技创新指数的构建》，《科技管理研究》2011 年第 18 期。

（三）电子文献及报纸类

［1］《中华人民共和国教育部科学技术司高等学校科技

统计资料汇编（2014—2016 年）》，http：//www. moe. gov. cn/s78/A16/A16_tjdc/。

[2] 《2013 年中国科技人力资源总量达 7105 万人，R&D 人员总数为 501. 8 万人，全球第一》，全球经济数据，http：//www. qqjjsj. com/zglssj/68919. html，2015 年 6 月 27 日。

[3] 《提高高校创新能力》，凤凰网，http：//edu. ifeng. com/gundong/detail _ 2012 _ 10/16/18288256 _ 0. shtml，2012 年 12 月 16 日。

[4] 《我国人力资源对经济贡献率与发达国家差距巨大》，新华闻，http：//news. xinhuanet. com/politics/2008 － 04/14/content_ 7971520. htm，2008 年 4 月 14 日。

[5] 《中国高校科技创新竞争力排行榜评价指标体系》，中国科教评价网，http：//www. nseac. com/html/216/218099. html，2011 年 3 月 24 日。

[6] 《2015 年国民经济和社会发展统计公报》，国家统计局，http：//www. stats. gov. cn/tjsj/zxfb/201602/t20160229_1323991. html，2016 年 2 月 29 日。

[7] 国家自然科学基金委网站，http：//www. nsfc. gov. cn/nsfc/cen/ndbg/2015ndbg/06/09. html。

[8] 2015 国家科学技术奖励大会，http：//www. most. gov. cn/ztzl/gjkxjsjldh/jldh2015/jldh15jlgg/201601/

t20160106_123344. htm。

[9] 2015 年度国家科学技术进步奖获奖项目目录，ht-tp：//news. xinhuanet. com/tech/2016 – 01/08/c_128609367. htm。

[10]《TOP 75 亚洲最具创新力大学排行榜》，http：//jyxi. cbpt. cnki. netwww. reuters. com/innovation。

[11] 周济：《人才为本、人才强国》，《光明日报》2004 年 3 月 11 日。

（四）政府文件

[1]《关于进一步加强人才工作的决定》（中发［2003］16 号），http：//wenda. so. com/q/1371178581064249。

[2]《国家中长期人才发展规划纲要（2010—2020)》，人民出版社 2010 年版。

[3]《国家中长期教育改革和发展规划纲要（2010—2020)》，人民出版社 2010 年版。

[4]《国家中长期科学与技术发展规划纲要（2006—2020)》，人民出版社 2006 年版。

楼世洲，浙江义乌人，教授、教育学博士、博士生导师。浙江师范大学学术委员会主任，浙江省高校新型智库"教育改革与发展研究院"院长。浙江师范大学"教育部中南非人文交流计划研究中心"主任。国务院学位委员会教育专业学位教学指导委员会委员，全国中外合作办学研究会理事，教育学会教育史分会理事。主要研究方向为教育史、非洲教育、教育政策。先后作为高级访问学者赴尼日利亚拉格斯大学、美国杨百翰大学、塞内加尔达喀尔大学访学。主持国家和省部级重点项目7项；出版专著10部，近五年在国内外核心期刊发表学术论文30余篇。先后获省部级科研与教学成果一等奖1项，二等奖3项。

吴海江，安徽安庆人，浙江师范大学教师教育学院博士研究生，主要研究方向为教育政策与管理，比较教育。曾参与国家和省级课题3项，近三年在国内核心期刊和重要报纸发表学术论文5篇。